PREPARE-SE PARA O ARREBATAMENTO

O ANTICRISTO E A GRANDE TRIBULAÇÃO

ANTONIO LOURENÇO

DEDICATÓRIA

Dedico esta obra a minha querida esposa Graça. Como um verdadeiro presente que o Senhor me reservou, fiel, dedicada, amorosa e nas horas mais difíceis, sempre foi uma valorosa conselheira. Aos meus filhos Karla Kátia e Gabriel. A todos que anseiam ardentemente pela volta de Cristo e o Seu Reino Milenar. A todos os estudantes da teologia cristã e aos remidos do Senhor.

CONTEÚDO

AGRADECIMENTOS

Agradeço a Deus que está acima de tudo e todas as coisas. Esse Deus misericordioso e amoroso, sempre esteve muito presente nos momentos em que mais precisei de ajuda. Obrigado Pai querido!

Agradeço a toda minha família, em especial minha esposa e meus filhos. Somos uma família sacerdotal, temos por princípio a oração e a leitura Bíblica.

De uma forma geral; quero agradecer a todos: amigos, pastores e em especial aqueles que me ajudaram a tornar esta obra uma realidade.

Obrigado a todos que fazem parte da minha vida!

REVELAÇÕES DO APOCALIPSE

Tempos difíceis e turbulentos estão para acontecer brevemente. Serão tempos traumáticos que causarão incertezas, dores e tristezas profundas. Angústia, pandemia, tragédia, catástrofe, fome e guerra já são reais no dia a dia e nas notícias. Mas, segundo a Bíblia, haverá um tempo futuro de angústia ainda maior conhecido como "A Grande Tribulação".

Creio que a "Grande Tribulação" terá seu início no dia seguinte ao arrebatamento de um "povo escolhido". Sem dúvida nenhuma, esse evento será o maior "choque de todos os tempos".

"Porque nesse tempo haverá grande tribulação, como desde o princípio do mundo até agora não tem havido, e nem haverá jamais." - Mt 24.12.

A Grande Tribulação é um período de aflição sem precedentes, de alcance mundial. Creio que a Grande Tribulação é o sinal derradeiro que marcará a vinda de Cristo, pois outros sinais, já estão ocorrendo nos últimos séculos tais como: guerras, fomes, perseguições e terremotos. Esses sinais são indicativos do período que ele chamou de "o Princípio das Dores" ou a "Grande Tribulação" que o planeta enfrentará.

Não podemos confundir a segunda vinda de Cristo com o arrebatamento da igreja. A igreja (noiva), será arrebatada nos "Ares" para o encontro com Jesus (noivo). No período (sete anos) em que a igreja estará ausente do planeta terra; será manifestada a pessoa do Anticristo e conseqüentemente a grande tribulação.

"Portanto, vede prudentemente como andais, não como néscios, e sim como sábios, remindo o tempo, porque os dias são maus." - Ef 5.15-16.

No instante seguinte ao arrebatamento do povo escolhido o Anticristo finalmente se manifestará. Ele será adorado pelo mundo incrédulo e fará falsos milagres e enganará com seus encantos quase toda a humanidade.

"Vós tendes por pai o Diabo, e quereis satisfazer os desejos de vosso pai; ele é homicida desde o princípio, e nunca se firmou na verdade, porque nele não há verdade; quando ele profere mentira, fala do que lhe é próprio; porque é mentiroso, e pai da mentira." - Jo 8:44.

O livro do Apocalipse descreve de forma clara a atuação do Anticristo no capítulo 13. Ele é a besta que João vê emergir do mar, (Ap 13:1-9).

O Anticristo, surgirá de uma política turbulenta e globalizada e da falsa religião. Ele surgirá no meio do caos e incorporará todo o poder e crueldade dos grandes impérios do passado.

0 Diabo, em sua inveja insana de Deus, desenvolverá uma imitação da pessoa e da espiritualidade de Jesus na forma de um poderoso carismático e ardiloso "falso profeta" (Ap 19.20) cuja forma exterior de cordeiro (pretenso exemplo de pessoa amável e beneficente) será usada pelo Dragão para seduzir e chefiar uma religião que irá atrair milhões de adoradores, de todas as partes do mundo, aos pés do Anticristo.

Satanás dominará por um tempo os três grandes pilares da sociedade moderna: economia, política e religião. O Anticristo vai negar a necessidade da humanidade por Deus, e afirmar-se-á como príncipe deste mundo.

Praticamente, todo o planeta terá acreditado que com o Anticristo na direção do mundo, a humanidade pode realizar qualquer coisa. Quando isso acontecer, em seguida, Satanás irá finalmente ter o que ele sempre quis; ser visto como igual a Deus. Ele terá o controle de um mundo que não tem necessidade de Deus.

"Então ele abriu a boca em blasfêmias contra Deus, para blasfemar do seu nome, seu tabernáculo, e aqueles que habitam no céu." – Ap. 13: 6.

O tempo do governo do Anticristo na terra será de sete anos. A igreja de Cristo já não estará mais aqui. No meio desses sete anos se haverá um período de grande dor, angústia e sofrimento intenso. Após sete anos de grandes aflições, mortes e terror sobre a humanidade; Jesus voltará e com ele a sua Igreja gloriosa e o Anticristo, finalmente será desmascarado.

"Quando, pois vier o Filho do homem na sua glória, e todos os anjos com ele, então se assentará no trono da sua glória;" – Mt. 25:31.

Jesus Cristo – O Rei dos reis – após os sete anos das bodas do cordeiro; descerá na terra com sua noiva (igreja glorificada) e prenderá o dragão (Satanás) e as duas bestas e reinará na terra. Seu Reino será de misericórdia, de paz e provará ao mundo que é possível governar com santidade e equidade.

"E vi descer do céu um anjo, que tinha a chave do abismo e uma grande cadeia na sua mão. Ele prendeu o dragão, a antiga serpente, que é o Diabo e Satanás, e o amarrou por mil anos. Lançou-o no abismo, o qual fechou e selou sobre ele, para que não enganasse mais as nações até que os mil anos se completassem. Depois disto é necessário que ele seja solto por um pouco de tempo." – Ap. 20:1-3.

Jesus Cristo quando estava na terra pela primeira vez, era visto figurativamente por alguns como o *"cordeiro de Deus"*, pois; como um cordeiro sem defeito, foi "sacrificado" em nosso lugar. Por meio de sua morte sacrifical, Ele nos deu vida eterna. Agora Jesus Cristo virá pela segunda vez e será visto e conhecido por todos como o *"Leão da Tribo de Judá"*. Esse "Leão" governará toda a terra por um período de mil anos.

O Milênio será uma época de retidão e paz na terra. Satanás será "amarrado, para que não tenha lugar no coração dos filhos dos homens". Durante a dispensação do Milênio, todas as pessoas do mundo serão boas e justas, mas muitas ainda não terão recebido a plenitude do evangelho. Haverá plena retidão e paz até o final dos mil anos, quando Satanás "será solto por algum tempo a fim de reunir seus exércitos". Os exércitos de Satanás lutarão contra as hostes do céu, que serão lideradas por Miguel. Finalmente, Satanás e seus seguidores serão derrotados e expulsos para sempre.

ALERTA PARA O ARREBATAMENTO

Jesus alertou seus discípulos que alguns sinais futuros iriam apontar para o arrebatamento da igreja; poderemos entender melhor ao estudarmos o evangelho de Mateus no capítulo 24 e 25. Enfim, creio piamente que o arrebatamento da igreja verdadeira é iminente, já está para acontecer mesmo. O relógio de Deus, já está badalando, já é meia-noite. O arrebatamento irá acontecer muito em breve. Mas…, o que é o "arrebatamento"?

"Porque o mesmo Senhor descerá do céu com alarido, e com voz de arcanjo, e com a trombeta de Deus; e os que morreram em Cristo ressuscitarão primeiro. Depois nós, os que ficarmos vivos, seremos arrebatados juntamente com eles nas nuvens, a encontrar o Senhor nos ares, e assim estaremos sempre com o Senhor." - I Tes. 4:16-17.

Tenho toda a convicção que o "arrebatamento" do povo escolhido por Deus está à beira de acontecer. Pois tudo indica que o momento já chegou. Um dos indicadores é justamente a grande apostasia que a igreja de Cristo está vivendo. Sim! Já estamos vivendo e presenciando o tempo da apostasia citado pelo apóstolo Paulo em 2 Tessalonicenses 2:3. Estamos em plena "era" da apostasia pois a humanidade está cada dia mais distante de Deus. Infelizmente, o mesmo procedimento (esfriamento da fé legitima) já está acontecendo dentro da comunidade cristã.

O QUE SIGNIFICA APOSTASIA?

Para os cristãos, a apostasia é a negação e abandono da fé em Jesus Cristo e na sua vinda. É quando os crentes dão mais valor às coisas deste mundo. Quando a igreja se torna secularizada e por fim, já esqueceu o primeiro amor.

Segundo definições do site Wikipédia; "a apostasia é o repúdio total à fé cristã. No protestantismo, apostasia é o esfriamento da fé, o abandono dos princípios bíblicos. Uma igreja ou um indivíduo apóstata é uma igreja ou indivíduo que aderiu ao mundanismo e aos costumes seculares, substituindo os princípios de Deus. De modo mais abrangente, pode-se dizer que um cristão ou igreja são apóstatas quando deixam de seguir os fundamentos da 'Palavra' de Deus, desviando-se da verdadeira fé e voltando-se para o mundanismo, satisfazendo somente os desejos carnais."

APOSTASIA O GRANDE SINAL

É certo e infalível que um dos sinais necessários para que ocorra o arrebatamento da igreja é que muitos abandonem a verdadeira fé, ou seja, a apostasia da doutrina bíblica, que culminará com o aparecimento no cenário mundial do filho da perdição (o Anticristo).

"Ninguém de maneira alguma vos engane; porque não será assim sem que antes venha a apostasia, e se manifeste o homem do pecado, o filho da perdição." - II Tes. 2:3.

Nesses últimos tempos, a maioria dos que pregam o evangelho do "Reino", estão perdidos em seus discursos e com base somente na "inteligência humana". Muitos líderes cristãos não possuem nada do que vem do "Alto". Infelizmente, preocupam-se em arrebanhar para si próprio, as "ovelhas" atraídas pelos seus brilhantes discursos. Grande multidão de pregadores estão atraindo pessoas para si mesmas, as pessoas não são levadas até Jesus.

"Muitos me dirão naquele dia: Senhor, Senhor, não profetizamos nós em teu nome? e em teu nome não expulsamos demônios? e em teu nome não fizemos muitas maravilhas?" - Mat. 7:22.

Estes "Arautos do evangelho" estão cegos; não são guiados pelo Espírito Santo, mas sim, pela filosofia humanista e capitalista. Eles são entendidos sobre a teologia da prosperidade, da teologia da cura e libertação, mas, infelizmente, estão vazios de Deus. Cheios de todo conhecimento humano, porém, ausentes do conhecimento divino.

Infelizmente, muitos líderes religiosos que se dizem cristãos, estão mergulhados em situações difíceis e embaraçosas espiritualmente, pois toleram dentro de suas igrejas, seitas obscuras e heréticas. Assim como a igreja de Pérgamo; tais denominações estão casadas com o mundo.

Conscientes ou não, inúmeros líderes evangélicos são responsáveis por falsos ensinamentos, poluindo os congregados com doutrinas tortuosas que incentivam os irmãos a praticarem idolatria e imoralidades. Na verdade, esses líderes não abandonaram a verdade do Senhor Jesus, o único verdadeiro Soberano, mas estão cedendo aos ensinos obscuros, impostos pelo sistema que vem unicamente da mente humana, não do Espírito Santo.

Creio que o caminho mais fácil para o diabo instalar o esfriamento da fé cristã (apostasia), é o ensino da falsa doutrina e a distorção do verdadeiro evangelho de Cristo. O diabo já fez isso na igreja de Tiatira, (Ap. 2:18-19).

"E também houve entre o povo falsos profetas, como entre vós haverá também falsos doutores, que introduzirão encobertamente heresias de perdição, e negarão o Senhor que os resgatou, trazendo sobre si mesmos repentina perdição. E muitos seguirão as suas dissoluções, pelos quais será blasfemado o caminho da verdade. E por avareza farão de vós negócios com palavras fingidas; sobre os quais já de largo tempo não será tardia a sentença, e a sua perdição não dormita." - II Pedro 2:1-3 ACF.

Assim como a soberba precede a ruína; a apostasia é um estágio que culminará com a vinda do arrebatamento. A mais de dois mil anos atrás, Jesus já tinha alertado quando falou da parábola das Dez Virgens, (Mat. 25.1). Infelizmente a igreja está "dormindo" o sono da "tolerância" espiritual. Assim como a um denso nevoeiro que envolve toda uma embarcação; o mesmo esta acontecendo com a igreja, ela está perdida em meio a apostasia.

O QUE É O ARREBATAMENTO

Arrebatamento é o nome que foi dado para o momento que o próprio Jesus Cristo virá buscar o seu povo. Jesus prometeu que iria buscar sua igreja e ele iria cumprir. O **"Noivo"** se encontrará com a **"noiva"**. Este encontro com o "SENHOR" não será aqui na terra, mas, nos **"ares"**, ou seja; em algum lugar entre a atmosfera física com a espiritual.

O Site wikipedia.org, descreve que: "Arrebatamento é um conceito e termo escatológico cristão utilizado por muitos cristãos, de várias confissões/denominações/ministérios, (...) referindo-se ao biblicamente anunciado evento inicial do Fim dos Tempos, no qual seguidores de Cristo, os que estão vivos e os já mortos, ambos selados com o Espírito Santo por Javé Deus "subirão para o céu ao encontro do Senhor Jesus Cristo nos ares" [serão arrebatados...]."

O arrebatamento é algo que acontecerá com toda certeza, porém o mundo não aguarda por esse evento. O diabo tem obscurecido o entendimento de muitos, fazendo com que este "tema" se torne até mesmo ridículo nos meios intelectuais e também, por toda a mídia moderna. Mas, a verdade absoluta é que este "Momento" tão esperado por uma minoria (crentes autênticos), irá de fato acontecer.

O livro do Apocalipse alerta para este evento: "Estejamos felizes e nos alegremos, e demos-lhe glória: Porque o Cordeiro é vindo, e sua noiva já se aprontou. É-lhe dado vestir-se de puro linho fino. Porque o linho fino são as justiças dos santos." - Ap. 19,7-8.

Certa vez Jesus percebendo a incompreensão e até mesmo a incredulidade de alguns discípulos; disse-lhes: *"E como foi nos dias de Noé, assim será também a vinda do Filho do homem."* - *Mat. 24:37.*

O mundo está caminhando freneticamente rumo ao inferno e está levando consigo incontável multidão de pessoas que se esfriaram na "fé", que não aguardam mais, a vinda de Cristo. Ultimamente, as pessoas estão voltadas para si mesmas, elas dizem que o importante é ser feliz, não importando como. As pessoas que têm a mente cauterizada pelo "pecado" não gostam da frase "Jesus voltará". Para elas, não faz nenhum sentido esperar por alguém no qual nunca acreditaram. "A ordem do sistema diabólico é: "Seja feliz aqui e agora"; viva como desejar".

O termo **"Arrebatamento"**, é freqüentemente utilizado pelos crentes para distinguir esse evento em particular da Segunda Vinda de Jesus Cristo à Terra. A Bíblia tem anunciado este evento quase que em todos os seus livros.

O arrebatamento marca a vinda de Cristo nos "Ares" para encontra-se com Sua igreja glorificada. Em algum lugar no céu, enquanto a igreja festeja as bodas do Cordeiro; na terra acontecerá o período da **"Grande Tribulação"**.

A grande tribulação será um período de muita dor e sofrimento, não somente para o povo judeu, mas para todos os que não "subiram" no dia do arrebatamento. Esse período de grande angústia sobre a terra só terá fim com a chegada de Cristo e Sua igreja que havia sido arrebatada por Ele. Esta é a segunda vinda de Cristo; não como um **"cordeiro"**, mas como um **"Leão"**, então é iniciado o **"Reino Milenar"** de Cristo.

Sobre o arrebatamento da igreja, a Bíblia Sagrada faz um alerta a todos os desavisados: "Porquanto, assim como, nos dias anteriores ao dilúvio, comiam, bebiam, casavam e davam-se em casamento, até ao dia em que Noé entrou na arca não o perceberam, até que veio o dilúvio, e os levou a todos, assim será também a vinda do Filho do homem." - Mat. 24.38,39.

O apóstolo Paulo explica em detalhes como será o arrebatamento do povo de Deus: "Porque o mesmo Senhor descerá do céu com alarido, e com voz e com a trombeta de Deus, e os mortos em Cristo ressuscitarão primeiro. Então, nós que estamos vivos, seremos arrebatados unido a eles nas nuvens, para encontrar o Senhor nos ares. E assim estaremos para sempre com o Senhor. Consolai-vos uns aos outros com estas palavras." - 1Tes. 4:16-18.

Quem são as pessoas que Jesus virá buscar no dia do arrebatamento? Sem dúvidas, são aquelas que o amavam e foram seus discípulos fiéis aqui na terra. Estes são chamados "**Noiva de Cristo**". Eles permaneceram firmes no que é certo e diferentes do "mundo"; praticaram o que era bom e verdadeiro e pela fé, aguardaram pacientemente por esse momento tão precioso.

A Bíblia relata com clareza este futuro acontecimento. Paulo escreveu na carta de 1º Coríntios que os discípulos de Cristo que já morreram ressuscitarão primeiro, e aqueles que ainda vivem em Cristo juntam-se com eles. Eles serão todos arrebatados juntamente em corpos incorruptíveis, para se encontrar com Jesus em algum lugar entre o céu e a terra.

"Porque a trombeta soará, e os mortos ressuscitarão incorruptíveis, e nós seremos transformados. Porque convém que isto que é corruptível se revista da incorruptibilidade, e isto que é mortal se revista da imortalidade." - 1. Cor. 15,52-53.

Nenhum cristão deve ter dúvidas a respeito do "arrebatamento da igreja". Devemos almejar esse dia na certeza de que Deus conduz a História para esse grande momento em que desfrutaremos de nossa salvação em seu sentido mais pleno.

DEVEMOS AGUARDAR COM ALEGRIA O ARREBATAMENTO

Um pastor conta ter visitado uma idosa que vivia com muita adversidade. Mas surpreendentemente, ela também viveu mais do que a condição terminal que o médico lhe diagnosticou muitos anos antes! A senhora tinha uma confiança contagiante em Jesus. Um dia, o pastor começou a falar com ela sobre a morte. Ela respondeu que não tinha medo da morte, mas preferia concentrar-se nas promessas da Bíblia sobre a vinda de Cristo. "Eu não aguardo o coveiro do falecimento", exclamou confiante. "Eu aguardo o Luzeiro do Arrebatamento!"

Jesus cumprirá literalmente a promessa de João 14.3: "E, quando eu for e vos preparar lugar, voltarei e vos receberei para mim mesmo, para que onde eu estou, estejais vós também."

Assim como Ele em pessoa nos salvou e morreu na cruz por nós, assim como Ele mesmo foi preparar-nos lugar; Ele voltará pessoalmente para buscar-nos para Si, para que estejamos onde Ele está. Prepare-se! Não há tempo a perder; o **"Noivo"** está chegando e a **"Noiva"** irá ao Seu encontro.

UM POVO ESCOLHIDO

Desde o começo da história cristã, que a Bíblia Sagrada tem alertado a humanidade sobre o arrebatamento de um povo escolhido por Deus. De Gênesis ao Apocalipse, somos alertados a esse acontecimento ímpar. Temos o exemplo de Enoque, (Gn. 5:24), e o exemplo do profeta Elias (2 Reis 2:11), ambos foram arrebatados ao céu. A Bíblia afirma que Deus os tomou para si. Creio que há um propósito de Deus para estes homens. Creio também que estes dois fatos vêm apontar para um terceiro acontecimento, na verdade um mega evento que está prestes a acontecer – o Arrebatamento da Igreja.

Deus seqüestrou Enoque de uma civilização pecadora e totalmente mundana e mais tarde fez o mesmo com Elias. A mesma coisa está prestes a acontecer; Deus irá seqüestrar o seu povo de um mundo totalmente diabólico. Os crentes de um modo geral chamam este iminente evento de **"Arrebatamento"**. Isto é necessário para que o plano de Deus seja cumprido.

Quando estudamos as dispensações Bíblica, aprendemos que algo de extrema relevância (um fato marcante) separa um período histórico Bíblico anterior com o posterior. Os teólogos chamam estes períodos de **"Dispensação Bíblica"**. Uma dispensação é um período de tempo, longo ou curto, no qual através de uma lei fixa, Deus prova a humanidade.

Para muitos teólogos e biblistas, a Bíblia está organizada em sete dispensações:
1 - Inocência;
2 - Consciência;
3 - Governo Humano;
4 - Promessa;
5 – Lei;

6 – Graça; e

7 - Reino Milenar.

O Dispensacionalismo, como um sistema, resulta em uma interpretação pré-milenar da Segunda Vinda de Cristo, e geralmente uma interpretação pré-tribulacional do Arrebatamento.

Das sete dispensações, cinco já foram concluídas: inocência, consciência, governo humano, patriarcal e lei, e estaríamos vivendo a dispensação da graça que dará lugar ao período milenial. Dois grandes eventos, (fatos marcantes) culminarão com o fim desta dispensação: o arrebatamento da igreja e a volta visível de Jesus para inaugurar o milênio.

Dispensação da Inocência
(Gênesis 1:28-30 e 2:15-17).

Esta dispensação abrangeu o período de Adão e Eva no Jardim do Éden. Nesta dispensação, os mandamentos de Deus eram: povoar a terra, dominar a terra, ter domínio sobre os animais, cuidar do jardim, e abster-se de comer o fruto da árvore do conhecimento do bem e do mal.

Deus advertiu contra o castigo da morte física e espiritual por desobediência. Não sabemos se esta dispensação foi curta ou longa, mas, sabemos que ela foi levada ao fim pela **desobediência** de Adão e Eva em comer o fruto proibido e sua **expulsão** do jardim.

Dispensação da Consciência
(Gênesis 3:8 – 8:22).

Esta dispensação começou a partir do momento da expulsão de Adão e Eva do jardim e durou cerca de 1.656 anos e terminou no **dilúvio**.

Alguns aspectos desta dispensação são: maldição sobre a serpente, imposição de trabalho sobre a humanidade para produzir alimentos, e a promessa de Cristo como a semente que ferirá a cabeça da serpente (Satanás).

Dispensação do Governo Humano
(Gênesis 9:1 – 11:32).

Deus tinha destruído a vida na terra com um dilúvio, salvando apenas uma família para reiniciar a raça humana. Deus fez as seguintes promessas e comandos para Noé e sua família:

1. Deus não vai amaldiçoar a terra novamente.
2. Noé e família devem povoar a terra com pessoas.
3. Eles devem exercer domínio sobre a criação animal.
4. A lei da pena de morte é estabelecida.
5. Nunca haverá outro dilúvio mundial.
6. O sinal da promessa de Deus será o arco-íris.

Os descendentes de Noé não se espalharam e encheram a terra como Deus havia ordenado, assim falhando em sua responsabilidade nesta dispensação. Cerca de 325 anos depois do dilúvio, os habitantes da terra começaram a construir uma torre, um grande monumento à sua solidariedade e orgulho, (Gênesis 11:7-9). Deus deu um fim à construção, **criando diferentes idiomas** e reforçando o Seu comando de encher a terra. O resultado foi o surgimento de **diferentes nações** e culturas. A partir desse ponto, os governos humanos têm sido uma realidade.

Dispensação da Promessa
(Gênesis 12:1-Êxodo 19:25).

Este período durou por volta de 430 anos, começou com a **chamada de Abraão**, continuou através das vidas dos patriarcas e terminou no Êxodo do povo judeu do Egito. Durante esta dispensação, Deus desenvolveu uma grande nação que Ele havia escolhido como o Seu povo – **o povo judeu**.

Aqui estão alguns dos pontos-chave dessa aliança incondicional:
1. De Abraão viria uma grande nação que Deus abençoaria com prosperidade natural e espiritual.
2. Deus faria o nome de Abraão grande.
3. Deus abençoaria aqueles que abençoarem os descendentes de Abraão e amaldiçoaria aqueles que os amaldiçoarem.
4. Em Abraão todas as famílias da terra serão abençoadas. Isso se realiza em Jesus Cristo e Sua obra de salvação.
5. O sinal da aliança é a circuncisão.
6. Esta aliança, que foi repetida para Isaque e Jacó, está confinada ao povo hebreu e às 12 tribos de Israel.

Dispensação da Lei
(Êxodo 20:1 – Atos 2:4).

Durou quase 1.500 anos, do **Êxodo** até ser suspensa após a morte de **Jesus Cristo**.

Durante a Dispensação da Lei, Deus lidou especificamente com a nação judaica através da Aliança Mosaica, ou a Lei, encontrada em Êxodo 19-23. A dispensação envolvia a adoração no templo dirigida pelos sacerdotes, com mais direção dada através dos porta-vozes de Deus, os profetas. Eventualmente, devido à desobediência do povo à aliança, as tribos de Israel perderam a Terra Prometida e foram submetidas à escravidão.

Dispensação da Graça
(Atos 2:4 – Apocalipse 20:3).

Esta é a sexta dispensação, a que vivemos hoje e também a chamamos de a "Era da Graça".

Ela começou com a **Nova Aliança** no sangue de Cristo. Ela começa com a morte de Cristo e termina com o **arrebatamento da igreja** (1 Tessalonicenses 4). Esta dispensação é mundial e inclui tanto os judeus quanto os gentios.

A responsabilidade do homem durante a Dispensação da Graça é crer em Jesus, o Filho de Deus (João 3:18). Nesta dispensação, o Espírito Santo habita os crentes como o Consolador, (João 14:16-26).

Esta dispensação tem durado mais de 2.000 anos, e ninguém sabe quando vai acabar. Sabemos, no entanto, que o fim desse período será marcado com o arrebatamento; o encontro de Cristo, com todos os crentes nascidos de novo. Após o arrebatamento, teremos os juízos de Deus com a duração de sete anos.

Reino Milenar
(Apocalipse 20:4 – 20:6).

A sétima dispensação terá a duração de 1.000 anos e o próprio Cristo reinará sobre a terra. Este Reino cumprirá a profecia para a nação judaica de que Cristo voltará e será o seu rei. As únicas pessoas autorizadas a entrar no Reino são os crentes nascidos de novo durante a dispensação da Graça e os sobreviventes justos dos sete anos de tribulação. Nenhuma pessoa descrente terá acesso a este reino.

Satanás é preso durante os 1.000 anos. Este período termina com o julgamento final, (Apocalipse 20:11-14). O velho mundo é destruído pelo fogo, e o Novo Céu e Nova Terra de Apocalipse 21 e 22 começarão.

Vemos que sempre houve um grande acontecimento que marcou o fim de uma dispensação e o início de outra. Estamos no final da dispensação da Graça e aguardando a sétima dispensação – **O Milênio**. Já sabemos dos acontecimentos que virão pois Jesus já nos avisou – o Arrebatamento do povo santo.

O arrebatamento é necessário, pois creio que logo em seguida virá a "Grande Tribulação", e a "Noiva" de Cristo, não sofrerá as dores da tribulação. Você tem idéia de quando será o arrebatamento da igreja de Cristo?

QUANDO SERÁ O ARREBATAMENTO

Não sabemos com exatidão sobre quando será o arrebatamento, pois a Bíblia não nos dá essa informação, mas ela afirma que o dia do arrebatamento já está determinado e só Deus o conhece.

"Mas daquele dia e hora ninguém sabe, nem os anjos que estão no céu, nem o Filho, senão o Pai." – Mc. 13:32.

SINAIS QUE PRECEDEM AO ARREBATAMENTO

Sabemos com clareza que as Escrituras Sagradas não informam com exatidão o dia do arrebatamento da igreja. Jesus disse que "só o Pai sabe", mas a Bíblia nos dá vários sinais que precedem o encontro de Jesus com sua igreja nos "Ares". Jesus usou todo o capítulo 24 de Mateus para nos entregar as informações que precisamos; aqui estão algumas delas:

A aparição de guerra, fome e terremotos

"E ouvireis falar de guerras e rumores de guerras; olhai não vos perturbeis; porque forçoso é que assim aconteça; mas ainda não é o fim. Porquanto se levantará nação contra nação, e reino contra reino; e haverá fomes e terremotos em vários lugares. Mas todas essas coisas são o princípio das dores. – Mat. 24:6-8.

Os desastres que têm ocorrido no mundo inteiro em anos, recentemente estão ficando cada vez mais severos e, para o horror da humanidade, terremotos, enchentes, secas, incêndios, fome e surtos de doenças ocorrem com freqüência e são generalizados. O mundo se encontra num estado instável e turbulento, e guerra, atos violentos, conflitos regionais e ataques terroristas acontecem constantemente e continuam a se agravar.

A restauração de Israel

"Aprendei, pois, da figueira a sua parábola: Quando o seu ramo se torna tenro e brota folhas, sabeis que está próximo o verão. Igualmente, quando vires todas estas coisas, sabeis que ele está próximo, mesmo às portas." - Mat. 24.32,33.

Como todos nós sabemos, a figueira cujas folhas brotam é uma referência à restauração de Israel. A nação foi restaurada em 14 de maio de 1948. As escrituras nos dizem que, quando virmos Israel restaurado, o Filho do homem estará à porta. Já passaram um pouco mais de 70 anos desde a restauração de Israel. Está muito claro que essa profecia sobre o retorno do Senhor Jesus não tardará a se cumprir. Tenho total certeza que a qualquer momento o povo de Deus subirá.

O evangelho será pregado em cada canto do mundo
"E este evangelho do reino será pregado no mundo inteiro, em testemunho a todas as nações, e então virá o fim." – Mat. 24:14.

Quando o Senhor Jesus foi pregado à cruz e completou Sua obra de redenção, o Espírito Santo começou a guiar os discípulos e apóstolos para que dessem testemunhos do Senhor Jesus. Desde então, o evangelho do Senhor tem se propagado gradativamente através de todo tipo de canais como rádio, internet, livros, panfletos evangélicos ou o evangelismo dos crentes.

O cristianismo se estabeleceu pelo mundo inteiro, e muitos países até têm o cristianismo como sua religião nacional. Há muito, os cristãos também se espalharam pelo mundo, e muitos ouvintes aceitam o evangelho do Senhor Jesus nos países comunistas e países muçulmanos. Já faz algum tempo que o evangelho do Senhor Jesus se espalhou até aos confins do mundo.

A iniqüidade se multiplicará, e o amor dos crentes esfriará
"E, por se multiplicar a iniqüidade, o amor de muitos esfriará". - Mt 24:12.

Nesses últimos dias, a cobiça de riquezas está amplamente difundida entre os crentes, alguns vendem todo tipo de bens em suas igrejas, e entram no mundo dos negócios. Outros têm fábricas de amuletos religiosos e se ocupam fazendo dinheiro usando o nome de Deus. Não pensam em trabalhar para o "Reino" e vivem enredados em emaranhamentos mundanos. Quando tais pastores e presbíteros pregam, concentram-se apenas em explicar conhecimento bíblico e teorias teológicas em vez de pregar a "Palavras do Senhor". Eles não dão testemunho do Senhor nem O exaltam e não levam os crentes a buscar entender a verdadeira vontade do Senhor.

Alguns pastores e presbíteros lutam entre si e se envolvem em disputas invejosas ao ponto de até formarem grupos, dividindo-se em facções e gangues, roubando ofertas, envolvendo-se em má-conduta sexual e não tendo um coração que teme a Deus em nada. Atualmente, essas ações iníquas estão acontecendo cada vez mais no mundo da religião, e as igrejas estão se tornando cada vez mais desoladas.

Essas coisas inevitavelmente nos lembram do fim da Era da Lei, quando o templo, que anteriormente estava cheio da glória de Deus, ficou desolado. Os sacerdotes faziam sacrifícios pobres e o templo se transformou em um mercado, (Mat. 21:12).

Existe alguma diferença entre as igrejas de hoje e o templo no fim da Era da Lei? Isso nos mostra que essa profecia bíblica foi totalmente cumprida e que o Senhor já está à porta.

A APARIÇÃO DE FALSOS CRISTOS E FALSOS PROFETAS

"Muitos virão em meu nome, dizendo: Sou eu; e a muitos enganarão". – Mat. 24:6.

O Senhor profetizou que, quando Ele retornasse nos últimos dias, apareceriam falsos cristos e falsos profetas. Ao longo dos últimos anos, falsos cristos e falsos profetas têm aparecido a todo o momento e em todos os lugares.

A partir da aparição de tantos falsos cristos, podemos ver que essa profecia referente ao retorno do Senhor Jesus está em seu cumprimento ao "pé da letra".

Se quisermos acolher o retorno do Senhor Jesus, então é crucial sabermos diferenciar entre falsos cristos e o verdadeiro Cristo. Apenas assim podemos acolher o Senhor e não ser enganados. Quais, então, são as características de um falso cristo? O Senhor Jesus disse: *"Porque hão de surgir falsos cristos e falsos profetas, e farão grandes sinais e prodígios". – Mat. 24:24.*

Alguns grandes líderes religiosos tentam se posicionar entre Deus e a humanidade, fazendo papel de Cristo. Infiltram a idolatria colocando alguns personagens Bíblicos para interceder pelos "homens" diante de Deus. Esquecem que somente Cristo tem esse poder, pois somente Ele ressuscitou até agora. Os demais "santos" ressuscitarão no dia do arrebatamento da igreja.

Apenas Cristo é a verdade, o caminho e a vida; apenas Cristo pode expressar a verdade, mostrar-nos o caminho e nos prover com vida.

Os fatos acima mencionados nos mostram que todas as profecias referentes ao retorno do Senhor Jesus estão sendo cumpridas pois, Jesus está voltando.

COMO SERÁ O ARREBATAMENTO?

A Bíblia diz que o arrebatamento da Igreja acontecerá repentinamente. Não que o "mundo" não esperasse por esse evento. O arrebatamento será repentino, isso não significa que ele será secreto, nem mesmo que ele não será precedido por sinais específicos que a Bíblia claramente afirma que irão acontecer como a proclamação do Evangelho em todo o mundo.

Outros sinais também precederão a vinda de Cristo nos "Ares" para encontrar sua igreja; a tribulação, a intensificação de desastres naturais, guerras, pestes, a grande apostasia e finalmente, o surgimento do Anticristo.

"Mas todas estas coisas são o princípio de dores." - Mat.. 24:8.

A Bíblia afirma que o arrebatamento da Igreja será repentino. Na verdade, a Bíblia está se referindo ao fato de que a volta de Jesus será com intensa rapidez; rápido como um relâmpago que sai do oriente e vai ao ocidente (Mat. 24:27).

É por isso que o apóstolo Pedro escreve que o dia da volta do Senhor virá como ladrão, (2 Pedro 3:10). O mundo pecaminoso e, (infelizmente) algumas igrejas, não estão preparadas para este "momento".

Os verdadeiros seguidores de Cristo: aqueles que o adoram em espírito e em verdade, não serão surpreendidos. O arrebatamento da Igreja será repentino, mas só ficarão perplexos os incrédulos. Por isso que ele será repentino, mas ao mesmo tempo esperado pelos fiéis.

Esse encontro de Cristo com a igreja não será na terra e nem no céu; será nos "**Ares**" (1 Tes. 4:17).

Daniel Conegero escreveu em um artigo que: "Nesse momento, todos os redimidos encontrarão o Senhor nos ares. Os fiéis que já morreram serão ressuscitados, os que estiverem vivos também serão transformados e receberão corpos glorificados semelhantes ao de Jesus. Esse será um processo incompreensível ao raciocínio humano, tanto que Paulo descreve esse momento como um mistério que ocorrerá repentinamente como '*num abrir e fechar de olhos*' (1 Cor. 15:51,52)."

Com tudo, o próprio Jesus em seu sermão escatológico nos exorta a aguardar o maravilhoso dia do arrebatamento da Igreja com muita vigilância e diligência. A Parábola das Dez Virgens enfatiza claramente esta questão (Mateus 25). Devemos almejar o dia do arrebatamento confortado na certeza de que Deus conduz a História para esse grande momento em que desfrutaremos de nossa salvação em seu sentido mais pleno.

É certo que o arrebatamento da igreja está prestes a acontecer; apesar do mundo não acreditar. Como cristão, fico imaginando como será o comportamento de algumas igrejas (secularizadas) que estão dormindo na fé, pois, no instante do arrebatamento, elas continuam celebrando o "culto" e nem notaram que fora das quatro paredes o povo escolhido está sendo arrebatado naquele momento.

Já posso imaginar a confusão e o transtorno no planeta algumas horas após o arrebatamento; a humanidade estará em grande aflição. Muitas pessoas irão desaparecer instantaneamente; jovens, idosos e crianças. Pessoas que estarão dirigindo seus automóveis irão desaparecer; motoristas de caminhões; pilotos de aviões; maquinistas de trens; milhares irão sumir imediatamente da face da terra. Creio que haverá muitos acidentes; aviões, navios, ônibus estarão à deriva; sofrerão colisões ou cairão em abismos; será horrível. Haverá gritarias, desesperos, correrias e muita angústia nos corações.

Imagino que em algumas horas depois do arrebatamento, todas as igrejas cristãs estarão abarrotadas de fiéis desesperados, suplicando pela misericórdia de Deus. Os noticiários estarão divulgando manchetes tentando explicar o desaparecimento de milhares de pessoas simultaneamente. Alguns desinformados dirão que os extraterrestres seqüestraram as pessoas. Outros dirão que o desaparecimento dos cidadãos foi causado pelos governos para análises científicas. Porém, muitos saberão o verdadeiro motivo do desaparecimento de milhares de pessoas – o arrebatamento da igreja de Cristo.

Imediatamente após o arrebatamento da igreja; o Anticristo irá projetar sua imagem em todas as telas de televisão, tablets e celulares no mundo inteiro. No dia seguinte, ele estará em todas as mídias na face da terra. O seu discurso será inteligente, suave e gentil; ele terá uma aparência de piedade. Com sua sutileza, enganará quase todos os habitantes da terra; mas não fiquem admirados; é o anticristo que entrou em ação.

Não se engane; Jesus voltará! Ele prometeu que viria buscar sua "Noiva", então, devemos estar preparados. No relógio de Deus, já é **meia-noite** e Jesus está voltando. Infelizmente, muitos evangélicos estão dormindo um sono profundo.

É tempo de acordar e voltar a proclamar a "volta de Cristo". Temos que soar a trombeta, anunciar o evangelho, pois, tudo está se cumprindo rigorosamente. Muitos "Arautos do evangelho" estão sonolentos e não reagem à volta de Cristo. Nos púlpitos, já não se escuta mais as pregações e mensagens eloqüentes anunciando a vinda do "Todo-Poderoso". A igreja tem que estar preparada para o "Grande Dia". Infelizmente muitos cristãos se perderam nos "caminhos" tortuosos do engano.

"1 Então o reino dos céus será semelhante a dez virgens que, tomando as suas lâmpadas, saíram ao encontro do esposo.

2 E cinco delas eram prudentes, e cinco loucas.

3 As loucas, tomando as suas lâmpadas, não levaram azeite consigo.

4 Mas as prudentes levaram azeite em suas vasilhas, com as suas lâmpadas.

5 E, tardando o esposo, tosquenejaram todas, e adormeceram.

6 Mas à meia-noite ouviu-se um clamor: Aí vem o esposo, saí-lhe ao encontro.

7 Então todas aquelas virgens se levantaram, e prepararam as suas lâmpadas.

8 E as loucas disseram às prudentes: Dai-nos do vosso azeite, porque as nossas lâmpadas se apagam.

9 Mas as prudentes responderam, dizendo: Não seja caso que nos falte a nós e a vós, ide antes aos que o vendem, e comprai-o para vós.

10 E, tendo elas ido comprá-lo, chegou o esposo, e as que estavam preparadas entraram com ele para as bodas, e fechou-se a porta.

11 E depois chegaram também as outras virgens, dizendo: Senhor, Senhor, abre-nos.

12 E ele, respondendo, disse: Em verdade vos digo que vos não conheço.

13 Vigiai, pois, porque não sabeis o dia nem a hora em que o Filho do homem há de vir." - Mt. 25:1-13.

QUEM SERÁ ARREBATADO

Eu creio que muitos (assim como eu), têm-se perguntado: "Será que eu serei escolhido por Cristo para ser levado aos céus no dia do arrebatamento?".

Essa é uma boa pergunta; mas creio que não é a pergunta certa, pois nela não existem respostas, nem negativa e nem positiva; somente dúvidas. Creio que a pergunta que devemos fazer é aquela que nos levará a uma reflexão e posteriormente a uma tomada de decisão. Então a pergunta que devemos fazer a nós mesmos é essa: *"O que devo fazer para ser incluído no arrebatamento junto com Cristo?!".*

"Depois destas coisas olhei, e eis aqui uma multidão, a qual ninguém podia contar, de todas as nações, e tribos, e povos, e línguas, que estavam diante do trono, e perante o Cordeiro, trajando vestes brancas e com palmas nas suas mãos; e clamavam com grande voz, dizendo: Salvação ao nosso Deus, que está assentado no trono, e ao Cordeiro." – Ap. 7:9,10.

Concordo com alguns pensadores que dizem que é "totalmente impossível para qualquer pessoa dizer quem será arrebatado", pois isto é uma decisão do **"Grande Juiz"**, não cabe a nós fazer este julgamento. Mas a Bíblia Sagrada nos ensina o caminho para o arrebatamento (salvação). Ela deixa bem claro o que devemos fazer para sermos incluídos no arrebatamento que sucederá nos últimos dias. A Bíblia nos ensina através dos seus escritos.

"Vinde a mim, todos os que estais cansados e oprimidos, e eu vos aliviarei. Tomai sobre vós o meu jugo, e aprendei de mim, que sou manso e humilde de coração; e encontrareis descanso para as vossas almas." - Mat. 11:28,29.

Os que serão arrebatados por ocasião da Segunda Vinda de Cristo a este mundo são apenas os que estão vivendo em comunhão com Deus – os selados por Deus!

"Em quem também vós estais, depois que ouvistes a palavra da verdade, o evangelho da vossa salvação; e, tendo nele também crido, fostes selados com o Espírito Santo da promessa." Ef. 1:13.

Aqueles que morreram em Cristo serão ressuscitados e subirão, juntamente com os vivos justos, nas nuvens, para o encontro com o Senhor nos ares:

"Porquanto o Senhor mesmo, dada a sua palavra de ordem, ouvida a voz do arcanjo, e ressoada a trombeta de Deus, descerá dos céus, e os mortos em Cristo ressuscitarão primeiro; depois, nós, os vivos, os que ficarmos, seremos arrebatados juntamente com eles, entre nuvens, para o encontro do Senhor nos ares, e, assim, estaremos para sempre com o Senhor." - 1 Tes. 4:16, 17.

A promessa de Jesus é para aqueles que ouvem e executam a Sua Palavra. Quero dizer com isso que os ouvintes e praticantes do evangelho de Cristo, são considerados inimigos deste mundo. Não tem como amar o evangelho e o mundo simultaneamente. O praticante do evangelho ama a Cristo e despreza as coisas deste mundo.

Geralmente o cristão genuíno é perseguido pelo sistema deste mundo e isso é Bíblico. O mundo ensina a levar vantagem em tudo; Jesus ensina a repartir o "pão". O mundo ensina a crer em si mesmo; Jesus ensina a crer n'Ele e morrer para si. Se somos crentes fiéis, o mundo nos odiará, mas é melhor assim. Não tem como ser salvo, amando esse mundo diabólico. É preferível crer e esperar nas promessas que Jesus nos fez.

"Não se turbe o vosso coração; credes em Deus, crede também em mim. Na casa de meu Pai há muitas moradas. Se assim não fosse, eu vo-lo teria dito. Pois vou preparar-vos um lugar. E, quando eu for e vos preparar lugar, voltarei e vos receberei para mim mesmo, para que, onde eu estou, estejais vós também." - Jo. 14:1-3.

No dia do arrebatamento, os que aceitaram a Jesus e se prepararam para sua vinda, viverão o dia mais alegre de suas vidas, pois chegou o dia da salvação, (Isaías 25:9).

Serão transformados, num abrir e piscar de olhos. O corpo corruptível se revestirá de incorruptibilidade, e o corpo mortal se revestirá de imortalidade, (1 Cor 15:51-53).

Os salvos serão arrebatados instantaneamente, logo após a ressurreição dos mortos em Cristo. Os salvos (vivos e mortos), irão subir entre as nuvens e se encontrarão com Cristo nos ares.

Portanto, devemos viver em estado de prontidão e alerta, pois Cristo voltará e Sua vinda será repentina. Fique em alerta, pois, só há chance de salvação enquanto estamos vivos.

"E, assim como aos homens está ordenado morrerem uma só vez, vindo, depois disto, o juízo, assim também Cristo, tendo-se oferecido uma vez para sempre para tirar os pecados de muitos, aparecerá segunda vez, sem pecado, aos que o aguardam para a salvação." - Hb. 9:27, 28.

Quando Jesus voltar Ele colocará fim a todo sofrimento e não haverá mais morte, dor ou sofrimento algum. Ele prometeu que voltaria e iria cumprir tudo que disse a seu e ao nosso respeito. Então..., prepare-se porque Jesus está voltando.

QUEM NÃO SERÁ ARREBATADO

Algumas pessoas acham que não precisam de um Salvador. Essas pessoas se consideram "basicamente boas" e não percebem que elas, como todo mundo, são pecadoras e não podem se aproximar de Deus do jeito que querem. Mas Jesus disse: *"Eu sou o caminho, a verdade e a vida; ninguém vem ao Pai, senão por mim".* - João 14:6. Aqueles que rejeitam a Jesus nunca vão poder encarar a Deus e se defenderem pelos seus próprios esforços.

"Mas, quanto aos tímidos, e aos incrédulos, e aos abomináveis, e aos homicidas, e aos fornicadores, e aos feiticeiros, e aos idólatras e a todos os mentirosos, a sua parte será no lago que arde com fogo e enxofre; o que é a segunda morte." – Ap. 21:8.

Posso garantir que é impossível para qualquer pessoa dizer quem será arrebatado ou quem não será. O poder de julgar pertence somente a Jesus Cristo; Ele é o nosso juiz. Não cabe a nenhum de nós fazer qualquer julgamento ao nosso semelhante.

A Bíblia, porém, relata com muita clareza alguns comportamentos que levam o indivíduo à condenação e conseqüentemente, não será arrebatado com Cristo. Neste caso, a Bíblia funciona como se fosse um espelho, que mostra os defeitos e as imperfeições que precisamos corrigir em nós mesmos.

Vejamos algumas condições que nos tornam inimigos de Jesus:
Mentira, (Ap. 21:8);
Falta de perdão, (Mat. 6:15);
Ódio, (1Jo. 4:20);
Indisciplina, (Hb.12:8).

Existem inúmeras outras condições que nos afastam de Deus: Sonegação de imposto, desobediência às leis de trânsito, desonestidade nos negócios, não devolver troco recebido a mais, aproveitar-se da ingenuidade do seu semelhante, proferir palavras torpes, maledicência, etc.

"Sabe, porém, isto: nos últimos dias, sobrevirão tempos difíceis, pois os homens serão egoístas, avarentos, jactanciosos, arrogantes, blasfemadores, desobedientes aos pais, ingratos, irreverentes, desafeiçoados, implacáveis, caluniadores, sem domínio de si, cruéis, inimigos do bem, traidores, atrevidos, enfatuados, mais amigos dos prazeres que amigos de Deus, tendo forma de piedade, negando-lhe, entretanto, o poder. Foge também destes." - 2Tim. 3:1-5.

O QUE ACONTECERÁ AOS QUE REJEITARAM A JESUS E NÃO SE PREPARARAM PARA A SUA VINDA?

 Qualquer que seja o motivo pelo qual as pessoas rejeitam Jesus Cristo; a sua rejeição tem conseqüências eternas e desastrosas.

" Em nenhum outro há Salvação, porque também debaixo do céu nenhum outro nome há, dado entre os homens, pelo qual devamos ser salvos", a não ser o nome de Jesus!" – At. 4:12.

Alguns não confessam a Cristo porque estão mais preocupados com a sua posição entre seus companheiros do que em fazer a vontade de Deus. O medo de rejeição social ou perseguição desanimam algumas pessoas a declararem que Cristo é o seu Senhor.

Para algumas pessoas, as coisas que o mundo tem a oferecer são mais importantes e atraentes do que as coisas eternas. Jesus dá um exemplo da boa semente que cresceu junto aos espinhos (abrolhos). A boa semente cresceu (Palavra), mas os abrolhos (vontade do mundo), também cresceram na mesma terra (coração). Então, os abrolhos acabaram sufocando a boa semente, (Mat. 13.7).

Outro exemplo na Bíblia está em Marcos 10:17-31. Esse Jovem era muito rico; aparentemente cumpria tudo o que a religião lhe pedia, mas em seu coração, não estava disposto a perder seus bens terrenos para ganhar um relacionamento eterno com Jesus. Esse jovem decidiu rejeitar a Jesus porque seu amor maior estava nos "caprichos" do mundo.

A justiça de Deus é clara e bem transparente. Aqueles que rejeitam os princípios divinos, qualquer que seja o motivo, vão ter que enfrentar a eternidade *"nas trevas exteriores"*, o inferno, onde também haverá "pranto e ranger de dentes". (Mat. 25:30).

O AMOR E A JUSTIÇA DE DEUS

Deus é amor, mas devido a Sua justiça, nunca deixará o pecado impune. Eu concordo com Daniel Conegero; ele publicou no site estilo adoração que: "Algumas pessoas pensam que há uma tensão entre o amor e a justiça de Deus. Elas dizem que o atributo da justiça revela um Deus severo e irado que não combina com o atributo do amor que revela um Deus misericordioso e longânime. Inclusive, muitas dessas pessoas acabam criando para si a imagem de um deus cuja justiça é negligenciada em favor do amor. Mas definitivamente esse não é o Deus da Bíblia."

Obviamente não há qualquer incompatibilidade entre a justiça e o amor de Deus. Em primeiro lugar, o castigo divino pelo pecado não é uma arbitrariedade por parte de Deus, mas é uma preservação de Sua justiça. Se Deus deixasse o pecado impune Ele não seria justo, e se Ele não fosse justo; também não seria verdadeiramente amoroso, pois que garantia haveria no amor de um ser injusto?

Em segundo lugar, Deus não é uma soma de atributos, como se fosse metade justiça e metade amor. Deus é um ser uno; ele é totalmente amor e totalmente justiça, e seus atributos definem uns aos outros. Dessa forma, Deus é amorosamente justo e justamente amoroso.

Então a justiça de Deus é expressa em Seu amor, bem como o amor de Deus é expresso em Sua justiça. Isso fica claro quando olhamos para Cristo. O apóstolo Paulo explica que Deus enviou a Cristo "como sacrifício para a propiciação mediante a fé, pelo seu sangue, demonstrando a sua justiça" (Romanos 3:25).

CRISTO E A JUSTIÇA DIVINA

Daniel Conegero ainda afirma que: "As pessoas freqüentemente olham para Cristo e enxergam apenas o amor de Deus, quando também deveriam enxergar a Sua justiça. Em Cristo vemos que Deus é tão amoroso a ponto de entregar seu próprio Filho para morrer por pecadores; ao mesmo tempo em que vemos que Ele é tão justo a ponto de não poupar nem mesmo o seu próprio Filho que assumiu o lugar dos pecadores, (...)."

Até mesmo o perdão de pecados é devido à justiça divina (1 João 1:9). Além do mais, pelos méritos de Cristo os redimidos são justificados pela justiça de Deus e colocados numa posição de honra e bem-aventurança na família celestial.

Por tudo isso a justiça de Deus jamais deve ser um motivo de descontentamento para os crentes, mas um motivo de conforto e gratidão. Se Deus não fosse justo, não teríamos qualquer base para confiar n'Ele, e não haveria qualquer esperança de que o bem triunfará por toda a eternidade. Mas a boa notícia é que Deus é perfeitamente reto, e todos os seus caminhos são justos (Deuteronômio 32:4). Então louvemos ao Senhor todos os dias por Sua justiça perfeita; e que jamais esqueçamos que a vontade de Deus para nós é que também sejamos justos (Miquéias 6:8).

"Há disciplina severa para o que abandona a vereda; e o que aborrece a repreensão morrerá." – Pv. 15:10.

A GRANDE TRIBULAÇÃO

Certamente, muitas pessoas já passaram por tempos difíceis e turbulentos, em algum período de sua vida. São tempos traumáticos que causam incertezas, dores e tristezas. Estes tempos geralmente são períodos de crise individual, familiar ou outra natureza, mas que tentamos de todas as maneiras superar os problemas. Angústia, tristeza, perseguição, tragédia, catástrofe, fome, guerra e incertezas são dinâmicas muito reais no dia-a-dia e nas notícias. Mas, segundo a Bíblia, haverá um tempo futuro de angústia ainda maior conhecido como **"Tribulação"**.

Sem entrar em debates e discussões teológicas; creio que a "Grande Tribulação" terá seu início no dia seguinte ao arrebatamento dos "santos no Senhor". Sem dúvida nenhuma, ela será o maior "choque de todos os tempos".

"Porque nesse tempo haverá grande tribulação, como desde o princípio do mundo até agora não tem havido, e nem haverá jamais" - Mat. 24.12.

A Grande Tribulação é um período de aflição sem precedentes, de alcance mundial. Jesus esclarece aos discípulos sobre esse tempo. O final dos tempos em que será intensificada a tribulação que já é sofrida pela igreja durante toda sua história.

Entendo que em Mateus 24, Jesus está esclarecendo em ordens os acontecimentos que "há de vir". Os sinais que precedem para a vinda de Cristo já estão ocorrendo nos últimos séculos tais como, guerras, rumores de guerra, fomes, perseguições e terremotos. Esses sinais são indicativos do período que ele chamou de "o princípio das dores".

O Novo Testamento ensina que na atual era da Igreja (Dispensação da Graça), não estaremos isentos das provações e tribulações. Jesus disse: *"No mundo passais por aflições; mas tende bom ânimo, eu venci o mundo."* - João 16.33.

A igreja de Cristo vem sofrendo perseguições desde a sua fundação. Temos melhor entendimento das perseguições sobre a igreja, lendo e estudando o livro dos Atos dos Apóstolos. Praticamente todos os apóstolos foram martirizados pelo império romano porque pregavam a verdadeira mensagem da salvação.

O primeiro mártir cristão foi Estevam, anos depois foram os apóstolos e sucessivamente os pais da igreja. Na verdade a igreja "Noiva" de Cristo sempre foi perseguida pelo mundo; relatos históricos afirmam tais fatos. O apóstolo Paulo advertiu: *"Ora, todos quantos querem viver piedosamente em Cristo Jesus serão perseguidos"* - 2 Tm. 3.12.

Justamente por essa razão eu creio que Deus livrará a "Noiva" de Cristo de Sua ira vindoura. Entendo que, a perseguição do sistema mundano (príncipe das trevas), contra a Igreja nesta Era não é a ira de Deus. A tribulação futura será um tempo de castigo de Deus sobre o mundo que rejeitou a Cristo; um tempo do qual a Igreja será livrada como o nosso Senhor prometeu.

"Como guardaste a palavra da minha paciência, também eu te guardarei da hora da tentação que há de vir sobre todo o mundo, para tentar os que habitam na terra." – Ap. 3:10.

Jesus Cristo, querendo livrar a todos os que pela fé, aceitaram a Sua palavra; irá arrebatá-los deste mundo antes que qualquer mal possa atingir os que confiaram n'Ele. Por isso a palavra **"Arrebatamento"**, pois se fará necessário grande urgência, não perder tempo. O mundo estará em grandes apuros, na verdade Deus quer que estejamos em lugar seguro neste tempo, e não há lugar mais seguro do que estar ao lado do Senhor.

POR QUE A TRIBULAÇÃO É IMPORTANTE?

A Tribulação é importante para os crentes porque é ensinada na Bíblia. O estudo da Palavra de Deus é sempre importante, e deve ser feito com cuidado. Independentemente do tipo de passagens estudadas, sejam sobre aliança ou cronologia, poesia, parábola, ou profecia, todas devem ser estudadas e aplicadas diligentemente.

"Toda Escritura é inspirada por Deus e útil para o ensino, para a repreensão, para a correção, para a educação na justiça, a fim de que o homem de Deus seja perfeito e perfeitamente habilitado para toda a boa obra." - 2 Tm. 3.16-17.

De certa forma, entendo que é através da Tribulação que Satanás será desmascarado, pois ali se verá suas verdadeiras intenções e motivações. Essa compreensão do seu plano, se aplicada corretamente, pode ajudar o crente hoje na batalha espiritual.

Por exemplo, vemos que durante a Tribulação, Satanás usa a religião como um caminho falso e enganador. Isso é uma advertência para nós hoje.

O QUE É ARREBATAMENTO?

Estudos escatológicos afirmam que a humanidade está prestes a passar por um período de grande dor, angústia e sofrimento. Este período no qual Jesus se refere em Mateus 24; chamamos de a "Grande Tribulação".

Embora acredite que a Igreja será arrebatada antes que se inicie a grande tribulação, quero apresentar de forma resumida e simplificada as doutrinas mais comuns sobre o arrebatamento da igreja existente em nossos dias, visto que no ponto de vista teológico há pensamentos variados sobre o assunto.

PRÉ-TRIBULACIONISMO

A doutrina Pré-Tribulacionista defende a tese de que a Igreja de Cristo será arrebatada, retirada da terra antes que se inicie o período de grande tribulação.

Os Pré-Tribulacionistas, interpretam as profecias bíblicas de forma literal e têm grande base no dispensacionalismo, crendo que Israel e a Igreja são dois grupos distintos. Crêem que há um plano de Deus exclusivo tanto para Israel como para a Igreja, e que a Grande Tribulação é uma dispensação onde Deus tem como objetivo trabalhar com Israel e não com a Igreja, que já teve o seu período de salvação na dispensação da graça.

O Método de Interpretação é literal. Crêem no Arrebatamento antes do período de tribulação. A Grande Tribulação é a última das setentas semanas de anos de Daniel 9:24-27, portanto a grande tribulação terá a duração de sete anos.

As setenta Semanas de anos de Daniel 9:24-27, estão determinadas para Israel, e não para a Igreja, portanto a Igreja não passará pela grande tribulação.

O dispensacionalismo (Estudo das Dispensações) tem grande influência nas posições defendidas pelos Pré-Tribulacionistas, e pelos Pré-Milenistas. Afirmam que Deus não mistura as coisas, pelo contrário, ele tem um objetivo diferente em cada uma das dispensações. E na grande tribulação seu maior objetivo é repreender, castigar e educar Israel com vara de juízo. O propósito é preparar os Judeus para enfim aceitarem a Jesus Cristo como o Messias prometido; (Ez 20:37); (Dt 4:30), visto que Israel não aceitou a Jesus Cristo, mas fará acordo com o anticristo, (Is 28:15); Jo 5:43); (II Tes. 2:3-4).

A Grande Tribulação é conhecida como o tempo da "Ira" de Deus. Esse é o período em que Deus irá derramar a sua ira sobre os gentios que não aceitaram o amor de Cristo, oferecido durante a dispensação da graça. Deus irá castigar o povo Judeu que rejeitou e matou o Messias Jesus Cristo, (ITes. 1:10;5:9); (Ap 6:16-17), assim sendo, Deus não iria derramar a sua ira sobre a Igreja, que aceitou o amor de Cristo, a ponto de ser comparada a sua noiva.

A Grande tribulação não é o mesmo que tribulação, pois a grande tribulação é uma dispensação ou período de tempo em que haverá catástrofes no mundo inteiro e até mesmo nas estrelas (Sol, Lua, Cometas), um mal generalizado acontecendo tudo num período de sete anos, não se comparando em nada a um momento mau, crise financeira de apenas alguns países, desemprego, perseguição isolada em uma época ou país.

PÓS-TRIBULACIONISMO

A doutrina do Pós-Tribulacionismo vem ganhando espaço entre os estudiosos da Escatologia. Este movimento ensina que a Igreja continuará na terra durante a grande tribulação e até a Segunda vinda de Cristo, onde será arrebatada até as nuvens onde se encontrará com Cristo, e retornará imediatamente à terra.

O Método de interpretação é alegórico. A igreja passará pela grande tribulação, porém não estará sujeita a Ira de Deus, crêem que a ira de Deus será derramada sobre os gentios, e a igreja apenas passará por tribulações na grande tribulação.

Baseiam-se na negação do dispensacionalismo, onde só desta forma podem crer que a Igreja poderá passar pela Grande tribulação, que de acordo com o estudo das dispensações, é um período chamado de angústia de Jacó, ou seja a tribulação é para Israel e não para a Igreja, por esta razão negam o dispensacionalismo.

Não há distinção entre Israel e Igreja; crêem que as profecias dadas a Israel podem se cumprir com a Igreja, ou seja, tanto a Igreja como Israel não serão poupados da angústia de Jacó, (Jr 30:7).

MID-TRIBULACIONISTA OU MESOTRIBULACIONISTA

De acordo com a interpretação desta corrente doutrinária do arrebatamento, a igreja passará apenas, pela primeira parte da Grande Tribulação, ou seja, 42 meses que são o mesmo que 1260 dias, (Ap.13:5). A Igreja passará por um período em que não haverá o chamado derramamento da ira de Deus, e assim a Igreja não estará exposta a nenhum juízo ou castigo divino, visto que foi socorrida a tempo, (Ap. 12:6-14).

ARREBATAMENTO PARCIAL

Esta corrente doutrinária não se aprofunda sobre quando acontecerá o arrebatamento da igreja, se no começo, no fim ou durante a grande tribulação. Defendem que nem todos os crentes serão arrebatados, mas apenas os que estiverem vigiando, e esperando por este acontecimento, (Lc 21:36; II Tm 4:8, Hb 9:28).

CONCLUSÃO

As passagens bíblicas ensinam claramente que o futuro trará um período específico de trauma e de tragédia extremos, durante o qual o terror e a tribulação serão intensos e internacionais. Essa era durará sete anos e culminará na Segunda Vinda do Senhor Jesus Cristo para estabelecer Seu reino milenar na terra.

Nós acreditamos que esse período de Tribulação, cheia de destruição e perseguição, acontecerá depois do Arrebatamento da Igreja. Isto, porém, não isenta os crentes de hoje das suas responsabilidades diárias, do evangelismo, do discipulado e da vida santificada. A tribulação é certa, mas a vitória também é. Com relação à Tribulação, não devemos nos preocupar em como será a vida naqueles dias, mas sim, em como está a nossa vida hoje em dia.

"Portanto, vede prudentemente como andais, não como néscios, e sim como sábios, remindo o tempo, porque os dias são maus." - Ef. 5.15-16.

O ANTICRISTO

Certamente você já se deparou com perguntas do tipo: "Quem será o Anticristo?", "Quando o Anticristo se manifestará?", "Será que o Anticristo já está entre nós?". Devido aos fatos catastróficos ocorridos no planeta; doenças e pandemias nunca ocorridos com tamanha proporção como nesses últimos dias; faz-nos despertar para um período de grandes expectativas e preocupações.

Perguntas sobre as "tribulações que o mundo irá enfrentar"; o "Arrebatamento da Igreja", o "surgimento do Anticristo", a "Volta do Cristo", já estão aflorando em alguns segmentos da mídia. Pensando bem; é muito importante preocuparmo-nos com essas coisas, afinal; creio que já estamos chegando no "fim dos tempos".

Com certeza absoluta, o Anticristo existe, pois a própria Bíblia Sagrada fala sobre ele. Para entendermos com maior clareza esse assunto, resolvi trazer este estudo para todos os que têm interesse de aprender as coisas que o próprio Jesus já nos alertou nas Escrituras Sagradas. Mas, por ser tão complexo, por onde começar esse assunto? Para fazermos este estudo vamos usar a Bíblia Sagrada como fonte principal de nossas informações, pois este tema é de origem extremamente espiritual, porém não devemos desprezar a história da humanidade no seu contexto geral.

Creio que para compreendermos melhor e com mais amplitude este estudo, você deve ler na integra, o livro de Daniel. Antes de começarmos o estudo é bom entendermos alguns significados, valores e épocas; pois estes detalhes possuem grandes clarezas nas compreensões dos fatos e das revelações do passado, presente e do futuro tão iminente.

O QUE SIGNIFICA A PALAVRA "ANTICRISTO"?

O termo "**Anticristo**" significa "**contra Cristo**", um rival de Cristo, a personificação do demônio ou da maldade. Pode ser alguém usurpando o nome e as prerrogativas que pertencem unicamente ao nosso Senhor Jesus Cristo. Alguém que anseia estar no lugar de Cristo ou que se opõe a Cristo é considerado um tipo de anticristo.

A palavra "Anticristo" não está em toda a Bíblia, na verdade, está somente nas Epístolas de João. Para melhor entendimento, abra agora sua Bíblia e leia: (1 João 2:18 - 22; 1 João 4:3; 2 João 1:7).

Através das cartas de João, podemos observar que o espírito do Anticristo já estava atuando em algumas pessoas desde o começo da Era Cristã. Portanto a Bíblia não fala de uma só pessoa pois ele vem se manifestando no decorrer da história da humanidade. Seu objetivo é fazer os cristãos e o mundo em geral negarem a Cristo, ou que Cristo veio na carne (1 Jo. 4:3).

O Anticristo continua agindo sobre a humanidade através de grandes e pequenos líderes, sejam eles políticos, artistas ou religiosos. O rival de Cristo tem entrado na mente de pessoas intelectuais; artistas famosos; diretores de grandes empresas e principalmente na mídia através dos grandes influenciadores de opiniões. Finalmente, no final dos tempos ele se manifestará pessoalmente e por um período específico se tornará um grande líder mundial e enganará praticamente o mundo inteiro dizendo ser o Cristo.

COMPREENDENDO AS PROFECIAS BÍBLICAS

Temos de levar em consideração algumas regras para a interpretação das profecias bíblicas. Algumas profecias foram condicionais (ex: Jonas para Nínive). Outras profecias falam do futuro como se fosse presente ou passado (ex: Is. 61:1,2; Joel 2:28-32).

Daniel Conegero do Site: "estiloadoracao.com/o-anticristo-o-que-biblia-diz-sobre-ele" faz a seguinte observação: "A Bíblia descreve tanto no Antigo Testamento quanto no Novo Testamento, alguns aspectos do Anticristo. Antes de analisarmos algumas dessas referências é preciso considerar uma regra da hermenêutica que geralmente é conhecida como "**Profecia de Dupla Referência**", onde uma profecia se cumpre em dois momentos distintos da história, ou seja, o profeta profetizou, a profecia se cumpriu primariamente, mas seu cumprimento não se esgotou, restando um cumprimento, um segundo cumprimento.

Em alguns casos, esse tipo de profecia pode apresentar até mesmo uma tripla referência ou aplicação. Um exemplo desse tipo de profecia é a profecia de Daniel (cap.7) citada por Jesus em seu Sermão Escatológico (Mt 24; Mc 13; Lc 21), onde ele deixa muito claro a aplicação futura de uma profecia que, até então, os judeus acreditavam já ter se cumprido completamente."

AS VISÕES DE DANIEL

Daniel vê quatro bestas (animais, feras), em sua visão (7:1-28), cada uma representando um império mundial. A visão se assemelha muito ao sonho do rei Nabucodonosor registrado no capítulo 2 (a grande estátua), no qual Daniel tem a visão de quatro impérios que se sucedem no governo do mundo em que o povo de Deus vive.

Os sonhos de Nabucodonosor (cap. 2), envolvia os aspectos políticos dos impérios, enquanto o de Daniel (Cap.7), representava suas características morais. Estas nações que reinaram sobre Israel eram perversas e cruéis, mas Daniel avistou a chegada do Reino eterno e indestrutível de Deus que venceria todos os demais reinos.

O livro de Daniel no capítulo 7 viu que quatro ventos agitavam o grande mar e quatro animais diferentes uns dos outros subiram deste mar. No sonho de Daniel, o vento simboliza as guerras; o mar simboliza os povos do mundo e os quatro animais representam reinos, grandes líderes. As visões relatadas nestes dois capítulos (2 e 7) indicam que quatro impérios ou grandes líderes haveriam de dominar o mundo.

O primeiro animal (Leão com duas grandes asas de águia; Dn.7:4) representa o reino da Babilônia (606 a 539 a.C.), cujo rei mais conhecido foi Nabucodonosor. Em Daniel 2;38 este reino é representado pela cabeça de ouro da estátua que o rei viu em sonhos, por ter sido considerado o reino mais rico de todos os tempos. O leão é considerado o rei dos animais e a águia, a rainha das aves. Este animal é um leão que tem asas de águia, representando força e rapidez de conquista. Mas, diz a profecia, que suas asas seriam arrancadas, ou seja, seu poder lhe seria retirado.

O Urso com 3 costelas na boca (Daniel 7:5), representa o segundo império mundial, o Império Medo Persa (539 a 331 a.C.). Houve uma união entre a média e a Persa, e assim eles conquistaram o mundo tirando o poder da Babilônia, penetrando em seus muros no espaço aberto por onde entrava um rio que havia desviado o curso. Representado pelo peito e braços de prata na estátua do capítulo 2:38,39; este reino de muita crueldade, como diz o texto "...Levanta-te, devora muita carne."

Por isso as três costelas em sua boca pela voracidade na conquista da Líbia, Egito e Babilônia. Quando diz que um dos seus lados se levantou primeiro quer dizer que a Pérsia se destacou primeiramente, provavelmente por ter maior número de soldados e depois eles se uniram, criaram mais força e dominaram grande parte do mundo.

O terceiro império mundial é a Grécia (331 a 146 a.C.), representado aqui pelo Leopardo com 4 asas e 4 cabeças (Dn 7:6). A rapidez de conquista do leopardo seria muito maior que do leão que tinha apenas duas asas. Foi a rapidez com que o jovem Alexandre, (356 - 323 a.C.), estrategista militar que conquistou o mundo com suas armas de bronze representado na estátua pelo ventre e coxas de bronze (Dn. 2:32) . Alexandre, (o grande) morreu com apenas 32 anos de idade, depois de uma noite de muita orgia e bebedeira, sendo substituído por seus quatro generais: Cassandro, Lisímaco, Ptolomeu e Seleuco.

O reino de Cassandro (cerca de 358 a 297 a.C.), foi composto pela Macedônia, a maior parte da Grécia e partes da Trácia.

O reino de Lisímaco (cerca de 361 a 281 a.C.), incluía a Lídia, a Jônia, a Frigia e outras partes da atual Turquia.

O reino de Seleuco (falecido em 281 a.C.; mais tarde o Império Selêucida), compreendia o atual Irã, o Iraque, a Síria e partes da Ásia Central.

O reino de Ptolomeu I (falecido em 283 a.C.) incluía o Egito e as regiões adjacentes. Por isso as quatro cabeças vistas por Daniel neste animal (Dn. 7:6).

Os símbolos descritos há milhares de anos, aconteceram exatamente como o previsto.

O quarto império ou liderança (Roma – 168 a.C. a 476 d.C.), é descrito aqui por um animal terrível e espantoso com dentes de ferro e 10 chifres (Dn 7:7). Esta besta que é diferente dos outros animais, não tem uma forma exata e não tem nome, mas sabe-se que aponta simultaneamente para Roma, e para o fim dos tempos.

Daniel, descreveu este animal como terrível, espantoso e muito forte e com seus dentes de ferro despedaçava e devorava suas vítimas. Os dez chifres revelam dez reinos alinhados pelo mesmo objetivo e pensamentos como se fosse um só reino. Este reino teria muita concentração de força, domínio e poder sobre todos os povos, lembrando que esta fera também saiu do mar, o mar aqui representa povos.

Em Daniel (2:40-43), Roma é representada na estátua pelas pernas de ferro. Devemos recordar que foi no período do império romano que nasceu Jesus. César, Herodes e Nero, regiam a época de Cristo com braços de ferro, muita violência e crueldade. Creio que a história comprova a veracidade da profecia.

Na visão dos dez chifres na cabeça do quarto animal (Dn.7:7), comparando com os dez dedos dos pés da estátua, (Dn 2:41), representam a ruptura do império romano , cujo território se tornou uma mistura de nações fortes e frágeis.

Segundo anotações de rodapé da Bíblia de Estudo Almeida ano 1995 na página 1104 temos uma anotação referente aos dez chifres nos seguintes termos: *"Muitos estudiosos da Bíblia acreditam que os chifres sejam uma referência aos dez reis que reinarão por um breve período antes que Deus estabeleça seu reino eterno."*

O Site "www.adventistas.org" faz a seguinte observação: "Daniel faz menção especial aos 10 chifres (10 dedos dos pés da estátua), que na história representam as 10 nações que originaram a Europa: Anglos (Inglaterra) – Burgúndios (Suíça) – Francos (França) – Germanos (Alemanha) – Hérulos (Sul da Itália) – Lombardos (Norte da Itália) – Ostrogodos (Áustria) – Suevos (Portugal) – Vândalos (Sul da Espanha) – Visigodos (Norte da Espanha)".

Esta afirmativa tem um certo sentido pois a história da humanidade conta que em 476 d.C., as tribos bárbaras invadiram a Europa. Conseqüentemente estas 10 tribos ou nações, nasceram ou surgiram dentro do império romano, surgindo então a divisão ou a fragmentação do império romano. Creio então que, até a segunda vinda do Messias, nenhum outro império mundial moldado nos anteriores será instalado, pois o quarto animal não tem semelhança com os três primeiros.

O quarto animal é diferente dos outros; quero dizer que não será propriamente uma nação ou um conjunto de nações que tentarão dominar o mundo através da força bélica. Tudo aponta para uma corrente filosófica, de pensamentos ideológicos, propagada pela doutrina advinda da falsa religião, pois o Anticristo é um falso profeta.

O surgimento do pequeno chifre

Não se pode descartar a possibilidade deste pequeno chifre ter mais de um significado, porém a maioria dos estudiosos concorda que esse pequeno chifre simboliza o **aparecimento do Anticristo**, aqui temos então a primeira referência bíblica para este personagem escatológico.

A principal atenção do profeta Daniel estava voltada para este chifre ou pequena ponta que ele viu subir dentre os dez chifres existentes na cabeça do quarto animal, (Dn 7:8-11).

Um chifre surgiu entre aqueles dez arrancando com isso três para dar lugar a este que começou pequeno, mas, se engrandeceu muito, com um aspecto bastante assustador, pois tinha olhos e boca de homem e falava com arrogância proferindo blasfêmias.

É muito importante ressaltar que esta ponta pequena levantou-se depois da fragmentação ou divisão do Império Romano. Isto quer dizer que ela assumiria o seu poder somente após a queda do Império Romano. A décima primeira ponta, que se levantou entre as dez, representa um grande líder religioso que é oriundo deste quarto reino que surgirá ou já deve estar entre nós neste momento, (pois o chifre está na cabeça do quarto animal que ainda está vivo).

COMO SERÁ O ANTICRISTO

Na carta aos Tessalonicenses, o apóstolo Paulo faz uma descrição detalhada sobre o momento em que o Anticristo se manifestará (ler 2 Tessalonicenses 2:1-12). O Anticristo surgirá em um período de grande apostasia, será adorado pelo mundo incrédulo e fará falsos milagres e enganará com seus encantos quase toda a humanidade. O livro do Apocalipse descreve de forma clara a atuação do Anticristo no capítulo 13. Ele é a besta que João vê emergir do mar: ler Ap. 13:1-9.

 No Site: "Estilo Adoração - Estudos Bíblicos e Devocionais", Daniel Conegero faz a seguinte observação: "Perceba a incrível semelhança entre esta visão em Apocalipse e a visão do Profeta Daniel. Na verdade o que o Apóstolo João viu foi um dos quatro animais da visão de Daniel de forma unificada. Essa besta sobe do mar.

Mar nas profecias bíblicas muitas vezes significa nações, povos, sistema geopolítico em sua agitação. Como exemplo disto, o profeta Isaías usa o mar para descrever as nações incrédulas,(Is 57:20).

O Anticristo, portanto, surgirá dessa política turbulenta e globalizada. Ele surgirá no meio do caos, do meio das águas que agitam as nações e será adorado. Ele incorporará todo o poder e crueldade dos grandes impérios do passado. Note que a besta que sobe do mar possui várias cabeças, e representa o poder perseguidor de Satanás incorporado em todos os governos e impérios ao longo da história. No final, o que parecia estar morto ressurge em vida, e a terra toda fica maravilhada. Essa besta toma diferentes formas, e, no fim, ela se manifestará na pessoa do homem da iniqüidade que Paulo descreveu - o Anticristo escatológico."

A Besta terá uma vitória apenas externa por meio do martírio dos cristãos que não negarem sua fé no Senhor. Apesar da morte, as almas dos crentes estarão preservadas pelo Espírito Santo (Mt 24.12; SI 69.28).

O Diabo tem profunda inveja de Deus e procura imitar todos os procedimentos criativos do Senhor, visando receber da humanidade toda a adoração à sua pessoa sedutora e nefasta. Por isso, vem tentando ao longo da história e nos últimos dias, com mais intensidade e evidência, projetar a imagem do seu anticristo como melhor substituto mundial de Jesus Cristo, o Filho de Deus, de quem é o verdadeiro e eterno domínio.

A Bíblia King James Atualizada observa que: "O sacrifício vicário de Jesus Cristo fez parte do propósito remidor de Deus mesmo antes da criação do Universo. Os planos, mandamentos e profecias do SENHOR são tão reais e concretos quanto os próprios acontecimentos em si, (At 2.23; Ef 1.4).

0 Diabo em sua inveja insana de Deus, desenvolve uma imitação da pessoa e da espiritualidade de Jesus na forma de um poderoso, carismático e ardiloso "falso profeta", cuja forma exterior de cordeiro (pretenso exemplo de pessoa amável e beneficente) será usada pelo Dragão para seduzir e chefiar uma religião que adensará milhões de adoradores, de todas as partes do mundo, aos pés do anticristo.

"E a besta foi presa, e com ela o falso profeta que fizera diante dela os sinais com que enganou os que receberam o sinal da besta e os que adoraram a sua imagem. Estes dois foram lançados vivos no lago de fogo que arde com enxofre." - Ap. 19-20

Com suas "feras diabólicas e sedutoras". Satanás dominará por um tempo os três grandes pilares da sociedade moderna: *economia, política* e *religião*. Da mesma forma como ocorreu na época de João, quando o povo de Deus foi obrigado a se render à adoração dos imperadores romanos e muitos cristãos foram mortos por terem se negado a prestar tal reverência, assim será no mundo atual, pouco antes da volta de Cristo (Mt 24.24)." - (Anotações de rodapé Bíblia King James Atualizada, página 2490).

A Bíblia fala em seu contexto que toda ambição de Satanás é ser como Deus em poder e força, e a história da humanidade revela o quanto ele trabalha para isso. Satanás tem impregnado toda a sua força, inteligência e poder noite e dia sem parar. Sua intenção é substituir Deus, e ele irá enviar o Anticristo como um meio de fazer isso.

O Anticristo vai negar a necessidade da humanidade por Deus, e afirmar-se como príncipe deste mundo. Mas que tipo de mundo estaria disposto a aceitar o emissário de Satanás como Senhor? Sem espanto nenhum, posso afirmar que é possível que este mundo em que vivemos agora chegou a tal estado. Pasmem, pois, o espírito do Anticristo reina quase que absoluto entre nós.

O Site "www.cristianismoativo.org" observa que: "Tudo isso está pavimentando o caminho para o próprio Anticristo a aparecer e se livrar de qualquer pretensão da religião. Ele vai acabar com Deus completamente. Ele irá realizar sinais e maravilhas para provar ao mundo uma vez por todas que a humanidade é auto-suficiente.

"E operava grandes sinais, de maneira que fazia até descer fogo do céu à terra, à vista dos homens; e, por meio dos sinais que lhe foi permitido fazer na presença da besta, enganava os que habitavam sobre a terra e lhes dizia que fizessem uma imagem à besta que recebera a ferida da espada e vivia." (Ap. 13:13,14).

A humanidade está pronta para abraçar apenas uma pessoa assim. Alguém que não interfere em suas vidas confortáveis. O Anticristo se esforçará intensamente para realizar seus pensamentos e sonhos de "paz e harmonia" na Terra. Ele implantará um mundo de tolerância, amor e boa vontade, sem qualquer custo pessoal para a humanidade. O Anticristo será capaz de fazer isso.

O nome do Anticristo tem sido sinônimo de mal através das eras, mas a verdade é que, quando ele é finalmente revelado, a maioria das pessoas não vai reconhecê-lo pelo que ele é.

"Vós tendes por pai o Diabo, e quereis satisfazer os desejos de vosso pai; ele é homicida desde o princípio, e nunca se firmou na verdade, porque nele não há verdade; quando ele profere mentira, fala do que lhe é próprio; porque é mentiroso, e pai da mentira." - João 8:44.

Ele não aparece repelente; pelo contrário, ele vai ser alguém que é talentoso, ambicioso e para resolver os problemas do mundo. Ele irá avançar o que já está em processo de se tornar uma realidade; que o mundo pode se tornar um paraíso de própria autoria do homem, sem Deus.

O mundo vai acreditar que com o Anticristo ao leme, a humanidade pode realizar qualquer coisa.

"Então ele abriu a boca em blasfêmias contra Deus, para blasfemar do seu nome, seu tabernáculo, e aqueles que habitam no céu." – Ap. 13:6.

Quando isso acontecer, Satanás irá finalmente ter o que ele sempre quis. Ele será visto como igual a Deus. Ele terá o controle de um mundo que não tem necessidade de Deus."

QUANDO O ANTICRISTO SE MANIFESTARÁ?

O Anticristo se manifestará em pessoa no exato momento em que a igreja de Cristo for arrebatada. No evangelho de Mateus no capítulo 24 Jesus nos dá uma dica excelente: *"Porque surgirão falsos cristos e falsos profetas, e farão tão grandes sinais e prodígios que, se possível fora, enganariam até os escolhidos." (Mat. 24:24).* (Para entendermos melhor temos de ler todo o capítulo 24 de Mateus).

Jesus não nos revela a data exata do aparecimento do anticristo, nem do arrebatamento da igreja, mas Ele nos mostra alguns sinais que precederão a esses fatos, inclusive a Sua vinda. Os falsos profetas são mencionados freqüentemente no A.T., (2Rs.3,13; Is.44, 25; Jr. 23,16; Ez. 13,2,3; Mq. 3,5; Zc.13,2). Eles afirmavam receber mensagens de Deus, porém pregavam bem-estar e riqueza. Falavam apenas o que as pessoas queriam ouvir, mesmo quando a nação não estava obedecendo a Deus como deveria.

Na época em que Jesus viveu neste mundo, havia falsos profetas. Hoje também existem, são os líderes populares que falam às pessoas o que elas querem ouvir (por exemplo: "Deus quer que você seja rico", "faça tudo o que seus desejos mandarem"; "não existe pecado ou inferno"), Jesus disse aos seus discípulos que haveria falsos profetas e preveniu-os. Os falsos profetas estão atuando a "todo vapor", estão se enriquecendo cada vez mais.

Os falsos líderes religiosos não se importam com o pecado, pregam pensamentos positivos nos púlpitos das igrejas, aplicam muitas técnicas de oratória, mas são vazios do Espírito Santo, são enganadores e fraudulentos. Os ensinos são falsos, por isso suas igrejas estão doentes. Nestas denominações, o amor pelo próximo há muito deixou de existir. O que está nesses corações, são somente interesses próprios, nada mais.

O pecado esfria o nosso amor por Deus e aos nossos semelhantes. Muitas igrejas hoje, estão debruçadas no sono da apostasia; estão preocupadas consigo mesmas e não com o Reino de Deus. Muitos que se dizem "crentes", perdem horas e horas no face book; nas novelas; em grupos de whatsApp; filmes; passeios, etc. Já não encontram tempo para a oração, muito menos para a leitura e estudos da Bíblia Sagrada.

A dúvida tomou o lugar da certeza; a incredulidade sufocou a fé e o amor morreu. Muitos "evangélicos" não influenciam mais o "mundo", ao contrário, são influenciados pelo mundanismo. Creio piamente que já estamos vivenciando o **"Tempo da Apostasia"**, este é um dos sinais do aparecimento do anticristo. Tudo já está preparado: adultérios; guerras; escândalos; enganações; traições; esfriamentos espiritual; abandono a sã doutrina e a Deus, etc.

O mundo quer alguém que não interfira em suas vidas de prazeres, orgias e confortos, e esse alguém é o próprio demônio travestido de "Anjo de Luz". Tudo isto está facilitando o caminho para o próprio anticristo aparecer. O momento é este, tudo já está preparado. O mundo diz que não precisa de Deus.

"nos quais o deus deste século cegou os entendimentos dos incrédulos, para que lhes não resplandeça a luz do evangelho da glória de Cristo, o qual é a imagem de Deus." - 2Cor 4:4.

A humanidade está pronta para receber e adorar uma pessoa: o Anticristo. Quando isso acontecer, em seguida, Satanás vai finalmente ter o que ele sempre quis. Ele será visto como igual a Deus. Ele terá o controle de um mundo que não tem necessidade de Deus.

"Então ele abriu a boca em blasfêmias contra Deus, para blasfemar do seu nome, seu tabernáculo, e aqueles que habitam no céu." – Ap. 13: 6.

REVELANDO O ANTICRISTO

Quem é o "Anticristo?", quando ele surgirá?, qual o propósito da sua ação?. Neste capítulo, vamos ter algumas noções reais desse personagem. O contexto Bíblico revela que a maldade de Satanás culminará em um anticristo final, naquele que centralizará todos os poderes do mal contra Jesus Cristo e seus seguidores.

"porque naqueles dias haverá uma tribulação tal, qual nunca houve desde o princípio da criação, que Deus criou, até agora, nem jamais haverá." - Mc 13:19.

Nesses últimos dias, diante das situações ocorridas em nosso planeta um dos assuntos mais comentados nas rodas de prosas das "esquinas", nas igrejas e no interior de muitas casas, é sobre o "Fim dos Tempos", ou seja; o nosso mundo está em seus dias finais.

Algumas pessoas mergulham mais profundamente neste tema e percebem que antes do "Final dos Tempos" surgirá um grande líder mundial, e será conhecido como o "Anticristo". Concordo com essas pessoas, pois isso não é uma falácia, o Anticristo é real e afirmo categoricamente que ele já está entre nós. De onde trago essa certeza? da Bíblia Sagrada, pois o próprio Jesus Cristo preveniu seus discípulos.

Nesse estudo vamos entrar em alguns temas sobre: "O significado de Anticristo", "Quem é o Anticristo", "Quando ele surgirá", "Qual o propósito da sua ação". Vamos começar?

O QUE SIGNIFICA A PALAVRA "ANTICRISTO"?

Segundo o Site: https://www.dicio.com.br/anticristo/, a palavra "anticristo", é um substantivo masculino que significa: "impostor". Segundo o Apocalipse, o Anticristo (impostor), deve vir antes do fim do mundo, para tentar estabelecer uma religião oposta à de Cristo. "O Anticristo é inimigo de Cristo e perseguidor feroz dos cristãos."

QUEM A BÍBLIA DIZ SER O ANTICRISTO?

O termo "anticristo" vem de uma palavra grega que significa "contra (ou em lugar de) Cristo". Não se trata de apenas um indivíduo ou de uma entidade, pois a Bíblia diz que há "muitos anticristos", (1 João 2:18). Assim, "anticristo" se refere a qualquer um que não aceita que Jesus é o Cristo (Messias) ou que ele é o Filho de Deus, (1 João 2:22).

Todo aquele que se opõe a Cristo, o Ungido de Deus; que finge ser o Cristo (Mt 24:24); e todos que perseguem os seguidores de Cristo, porque, como Jesus disse, quem persegue seus seguidores persegue a ele mesmo (Atos 9:5).

Na verdade o Anticristo tem se manifestado na história da humanidade através das mentes malvadas e ações maléficas de grandes e pequenos líderes; sejam políticos, religiosos, ou militares.

Hitler por exemplo; foi uma espécie de Anticristo. Não podemos esquecer do rei Antíoco IV Epifânio (175 a.C.), que massacrou milhares e milhares de judeus, profanou o Templo Sagrado sacrificando um porco no altar do sacrifício.

Herodes, o Grande, que aparece no Evangelho de Mateus (Mt 2:16-18), massacrou todos os meninos de uma região inteira.

O general romano Tito no ano 70 d.C. matou muitos milhares de judeus e destruiu o Templo e toda a cidade de Jerusalém.

Todos os que citamos e muitos outros tipificam o anticristo, pois, contribuíram com o trabalho deste demônio. Porém a Bíblia é específica quanto ao surgimento do "verdadeiro" anticristo que se dará no **Final dos Tempos**", ele é identificado pela Bíblia de, "a Besta que sai do mar". (Ap. 13.1-10).

A Bíblia de Estudo e Aplicação Pessoal Versão Almeida Revista e Corrigida ano 2003 diz assim no rodapé da página 1821: "Essa besta foi inicialmente identificada com Roma, porque o império romano, em seus primórdios, encorajava um estilo pecaminoso de vida, perseguia os crentes e se opunha a Deus e a seus seguidores. Mas a besta também simboliza o Anticristo. - não Satanás , mas alguém sob seu poder e controle."

A VISÃO DE DANIEL

Esse anticristo parece ter a combinação das quatro bestas que Daniel viu séculos antes em uma visão (Dn 7). Como o Dragão (Ap. 12.17) está em oposição a Deus, a besta do mar também está contra Cristo e pode ser considerada como o falso messias de Satanás.

Em seu início o Império Romano era forte e como um anticristo, (alguém que é contra os padrões de Cristo); através da história muitos outros poderes mundiais foram verdadeiros anticristos. Muitos cristãos acreditam que a maldade de Satanás culminará em um anticristo final; naquele que centralizará todos os poderes do mal contra Jesus Cristo e seus seguidores".

Quando o Anticristo surgirá?

A Bíblia no seu contexto geral afirma que este, assim como outros acontecimentos escatológicos irão surgir pouco antes da vinda de Cristo, (Mt 24.3-31). A besta que subirá do mar , (o Anticristo), (Ap 13;1,2) juntamente com a besta que subirá da terra, (o Falso Profeta), (Ap 13.11), são cúmplice do Dragão (Satanás), (Ap 16.13), e formarão a falsa trindade - 666 (Ap 13;18).

De acordo com o NT, só terão permissão de Deus para agir na face da terra durante a "Grande Tribulação", ou seja; depois da saída daquele que os detém, (2 Tessalonicenses *2;6-12)*.

"E agora vós sabeis o que o detém para que a seu próprio tempo seja revelado. Pois o mistério da iniqüidade já opera; somente há um que agora o detém até que seja posto fora;" - II Tes 2:6,7.

Creio que o momento é oportuno para o surgimento do Anticristo, pois tudo já está preparado. Todos os sinais praticamente já se cumpriram, ou já estão se cumprindo; são eles: Aumento de guerras , fomes e terremotos; aumento de crimes e desrespeito à lei de Deus; aumentos dos falsos profetas e das transigência religiosa dentro da igreja; diminuição do amor e afeição no lar; o evangelho já está sendo pregado no mundo inteiro (via internet); o povo se afastando de Deus; etc.

Creio que já estamos vivendo a grande apostasia devido ao esfriamento da igreja, mas aqueles que se mantêm firmes em Cristo serão salvos e conseqüentemente estarão livres da grande tribulação.

Qual o propósito do Anticristo?

Quero ressaltar que o Anticristo não agirá sozinho, ele terá a companhia da outra besta, aquela que se levantará da terra, e essas duas bestas, (o Anticristo e o Falso Profeta) são demônios a serviço do Dragão (Satanás). São vários os propósitos malignos de Satanás através do anticristo; vou aqui mencionar apenas algumas de suas vontades.

O Anticristo governará o mundo inteiro durante a tribulação, (Dn 7.2-7, 24-27; 8.4;11.36; Ap 13.1-18; 17.11-17).

Estabelecerá uma imagem de si mesmo no Templo e exigirá adoração, (Dn 7.8,25; 11.31,36; Mt 24.15; Mc 13.14; 2Ts 2.3,4; Ap. 13. 4,8,12-15; 14.9; 16,2).

Operará milagres mediante o poder de Satanás, (Mt 24.24; 2Ts 2.9,19; Ap. 13.3,12-14; 16.14;17.8).

Terá a capacidade de enganar grandes multidões e nações inteiras, (2Ts 2.9,10; 1Jo 2.18; Ap. 20.3).

Matará as duas testemunhas que proclamam o evangelho, (Ap. 11.7-10).

Procurará matar todos aqueles que não possuírem a marca da besta, (Ap. 6.9; 13.15-17; 14.12,13).

Destruirá o sistema religioso com o qual se aliará, (Ap. 17.16,17).

O REINO DO ANTICRISTO

O reino do anticristo, que é o período da grande tribulação, durará por volta de sete anos; então Jesus Cristo estará voltando para estabelecer o seu Reino Milenar, (2Tss. 2.8; Ap. 16,16; 19.15-21).

As profecias estão se cumprindo com espantosa exatidão; o Reino Espiritual está se movendo; Deus está agindo. Não se enganem, pois tudo já está preparado, o grande "Dia do Senhor" já está à porta.

Busque ao Senhor enquanto pode achar, leia a Bíblia Sagrada e medite nela, pois ela é a única fonte de todo o conhecimento e sabedoria que precisamos. Aceite meu conselho: ore, limpe o coração e medite na Palavra de Deus, pois JESUS ESTÁ VOLTANDO.

ANTÍOCO IV EPIFÂNIO

Considerado pelos judeus como uma figura do anticristo, Antíoco IV Epifânio, foi um rei da dinastia Selêucida. Era filho mais novo de Antíoco III Magno ou Antíoco o Grande, que governou entre 223 a.C., até sua morte.

Em 175 a.C., Selêuco IV é assassinado. Assume o poder o seu irmão Antíoco IV Epífanes (175-164 a.C.), que voltava de Roma, onde era refém desde 188 a.C., quando seu pai Antíoco III perdera a batalha de Magnésia e assinara o tratado de Apameia.

Foi um rei guerreiro que investiu inúmeras batalhas conquistando reinos vizinhos. Guerreou e invadiu o Egito muitas vezes, na qual derrotou os faraós Ptolomeu VI e Ptolomeu VIII, pois seu objetivo era conquistar toda a Alexandria, só não o fez porque teve de recuar forçado pelas forças romanas.

Por volta de 170 a.C., Antíoco IV Epifânio, centrou a sua atenção na Judéia, assaltou Jerusalém, saqueou o templo, ordenando uma terrível carnificina. Procurou insistentemente helenizar (religião grega por adoção e mesmos fundamentos) o povo judeu.

Antíoco usou a força e a brutalidade sem limites, resistindo com todo o seu poder a tudo que era sagrado e divino pelo judaísmo, procurando estabelecer a helenização deste seu novo território, proibindo radicalmente a adoração e a obediência ao Deus verdadeiro, Jeová (YHWH).

Proibiu a observância do shabat (sábado, dia de descanso e adoração a Deus). Proibiu os cultos no Templo, a prática da circuncisão e forçou os judeus a comerem alimentos considerados impuros pela lei de Moisés.

No Templo, Antíoco sacrificou porcos no Lugar Santo em honra a Júpiter Olimpo e Zeus, (Dn 11.29-31). De acordo com a lei judaica os porcos eram animais imundos; não se devia tocá-los ou comê-los. Sacrificar um porco no Templo era o pior insulto que um inimigo poderia cometer contra os judeus.

Segundo o livro de 2 Macabeus, os judeus são também obrigados a participar da festa de Dionísio e do sacrifício mensal em honra do aniversário do rei (2Mc 6,7). Altares aos deuses pagãos são erigido em todo o território judeu.

O livro de 1 Macabeus capítulo 01 relata alguns acontecimentos da época: "No dia quinze do mês de Casleu, no ano cento e quarenta e cinco, Antíoco fez erigir a Abominação da desolação sobre o altar. Também construíram altares em todas as cidades vizinhas de Judá. Ofereciam sacrifícios diante das portas das casas e nas praças públicas. Rasgavam e queimavam todos os livros da Lei que achavam. Em toda parte, todo aquele em poder do qual fosse encontrado um livro do testamento, ou todo aquele que mostrasse gosto pela Lei, morreria por ordem do rei. Com esse poder que tinham, tratavam assim, cada mês, os judeus que eles encontravam nas cidades. No dia vinte e cinco de cada mês, sacrificavam no altar, que sobressaía ao altar do templo. As mulheres, que levavam seus filhos a circuncidar eram mortas conforme a ordem do rei, com os filhos suspensos ao pescoço. Massacravam-se também seus próximos e os que tinham feito a circuncisão. Numerosos foram os israelitas que tomaram a firme resolução de não comer nada que fosse impuro. Preferiram a morte antes que se manchassem com alimentos impuros; não quiseram violar a santa lei e foram trucidados. Caiu assim sobre Israel uma imensa cólera." (I Macabeus, 1.54-64 Bíblia Católica Online).

Segundo o Site https://airtonjo.com: "Antíoco IV que, de 175 a 169 a.C., aparece nas moedas cunhadas em Antioquia apenas com a inscrição 'Rei Antíoco', a partir desta época começa a ter sobre sua cabeça uma estrela, símbolo da divindade. E a partir de sua vitória sobre o Egito, a inscrição das moedas selêucidas é "Rei Antíoco Theos Epífanes".

"Ele pensa definitivamente, que sua vitória o manifestou como deus, ou que é um deus que se manifestou na sua carne. Ele é o praesens divus, e, segundo sua intenção, o epíteto epifanés, 'manifesto', é relacionado com Theós, ou seja, com sua apoteose".

Você pode obter mais detalhes sobre o rei Antíoco IV através dos livros de 1 e 2 Macabeus na Bíblia católica. Tais livros não constam na Bíblia Hebraica e são considerados apócrifos pelos judeus e pelas Igrejas protestantes.

OS LIVROS APÓCRIFOS

O termo "apócrifo" foi criado por Jerônimo, no quinto século, para designar basicamente antigos documentos judaicos escritos no período entre o último livro das escrituras judaicas, Malaquias e a vinda de Jesus Cristo.

Os apócrifos , são livros que, segundo a religião em questão, não foram inspirados por Deus e que não fazem parte de nenhum cânon. São também considerados apócrifos os livros que não fazem parte do cânon da religião que se professa.

A consideração de um livro como apócrifo varia de acordo com a religião. Por exemplo, alguns livros considerados canônicos pelos católicos são considerados apócrifos pelos judeus e pelos protestantes. Alguns destes livros são os inclusos na Septuaginta por razões históricas ou religiosas.

A terminologia teológica católica romana/ortodoxa para os mesmos é deuterocanônicos, isto é, os livros que foram reconhecidos como canônicos em um segundo momento (do grego, deutero significando "outro").

Destes fazem parte os livros de Tobias, Judite, I e II Macabeus, Sabedoria de Salomão, Eclesiástico (também chamado Sirácide ou Ben Sirá), Baruc (ou Baruque) e também as adições em Ester e em Daniel - nomeadamente os episódios da História de Susana e de Bel e o dragão.

TITO VESPASIANO

Tito incendiou tudo, e até as pedras foram separadas para colher o ouro derretido que se infiltrara das unções na parede do templo. O comandante romano deixou apenas um resto da muralha, como símbolo do aniquilamento de Israel, conhecido em nossos dias como "Muro das Lamentações".

Considerado por muitos como um símbolo do Anticristo; Tito Vespasiano nasceu em Roma, filho primogênito de Vespasiano e Domitila, a Maior. Tito teve outra irmã chamada Domitila, a Menor e um irmão, chamado Tito Flávio Domiciano, embora conhecido habitualmente com o nome de Domiciano.

Não se sabe muitas coisas sobre a juventude de Tito, mas o pouco que sabemos é através dos escritos de Suetônio. O Site Wikipédia conta que: "O historiador Suetônio relata que o futuro imperador foi criado na corte imperial junto à Britânico, o filho do imperador Cláudio, que seria assassinado por Nero em 55 d.C ..

Poucos detalhes chegaram sobre a sua educação, mas aparentemente mostrou pronto uma grande inclinação pelas artes militares, era um poeta muito inteligente e um grande orador tanto em grego quanto em latim.

Antes de ser proclamado imperador romano, Tito Flávio Vespasiano alcançou renome e prestígio como general e comandante militar ao servir sob as ordens do seu pai na Judéia, durante o conflito conhecido como a primeira guerra judaico-romana (67-70).

O general Tito recebeu a responsabilidade de acabar com os judeus de Jerusalém e arredores, tarefa realizada satisfatoriamente após sitiar e destruir Jerusalém, cujo templo foi demolido no incêndio. A sua vitória foi recompensada com um triunfo e comemorada com a construção do Arco de Tito. Seu pai o associou, a partir de 71, ao poder tribunício".

A CONQUISTA DA CIDADE SANTA

As tropas romanas do general Tito tomaram a cidade de Jerusalém no dia 8 de setembro do ano 70 da era cristã. Dizem que o templo foi incendiado por um soldado desconhecido ao arremessar uma bola de fogo que penetrando no interior do edifício, imediatamente incendiou todo o lugar ao ponto de derreter o ouro incrustado nas paredes e no teto.

O Templo então foi destruído ao ponto de não ficar pedra sobre pedra, conforme tinha profetizado Jesus Cristo trinta e oito anos antes, (Mat. 24.2).

Alguns historiadores afirmam que foram mortos mais de um milhão de judeus na tomada de Jerusalém pelo general Tito. Muitas famílias foram massacradas, mortas em suas casas, filhos, mães, idosos e homens eram trucidados e mortos sem nenhuma compaixão pelos soldados desse general.

Centenas de judeus foram crucificados à beira das estradas ao redor de Jerusalém. Os restantes que ficaram vivos foram deportados como escravos. O historiador Flávio Josefo conta que a cidade santa ficou totalmente destruída e sem vida.

O MURO DAS LAMENTAÇÕES

As anotações de rodapé da Bíblia King James Atualizada dizem que: "Um muro feito com blocos de pedras com 60 cm de largura por até 5 metros de comprimento circundava o Templo". Contudo, alguns anos após o término da construção, exatamente 40 anos depois da profecia de Jesus, durante as celebrações da Páscoa judaica, as tropas do comandante romano Tito tomaram posição de combate, às portas de Jerusalém. A cidade estava em festa e repleta de judeus de todas as partes.

Os dois mais poderosos partidos judaicos, que deveriam estar atentos à defesa da cidade contra Roma, achavam-se em violenta guerra interna, a ponto de incendiarem os estoques de alimentos um do outro. Somente quando os enormes aríetes dos romanos arrebentaram o primeiro portão de Jerusalém foi que os políticos decidiram unir-se contra o invasor. Tarde demais. Tito incendiou tudo, e até as pedras foram separadas para colher o ouro derretido que se infiltrara das unções.

O comandante romano deixou apenas um resto da muralha, como símbolo do aniquilamento de Israel, conhecido em nossos dias como "Muro das Lamentações".

Mais de um milhão de judeus morreram naquela época. Todas as estradas que passavam por Jerusalém estavam tomadas por judeus crucificados. Os sobreviventes foram vendidos ou negociados como escravos.

Israel desapareceu como nação e os judeus foram espalhados pelo mundo inteiro sob a maior humilhação já sofrida por um povo até nossos dias.

Em homenagem à marcha triunfal de Tito, foi construído o "Arco do Triunfo". Este monumento persiste em Roma até hoje e mostra em seus trabalhos de escultura, cenas das legiões romanas carregando os objetos sagrados e valiosos do Templo, e os mais valorosos guerreiros judeus algemados.

Tito profanou o Templo, entrando no santo lugar, despojando todo o tesouro e utensílios preciosos, tais como o grande candelabro de ouro maciço, uma réplica dourada da arca com os preciosos rolos sagrados da Lei, a mesa de ouro e muitos outros objetos preciosos.

Finalmente, o imperador Vespasiano, pai de Tito, declarou toda a nação de Israel como sua propriedade particular e doou grandes propriedades a seus amigos e colaboradores, entre eles o conhecido historiador judeu e fariseu, Flávio Josefo, cujo carisma e poder intelectual haviam conquistado a amizade do rei e a cidadania romana.

O NOVO ESTADO DE ISRAEL

Só no ano de 1948, por concessão da ONU, a Organização das Nações Unidas, o povo judeu pôde retornar à Palestina, reconstruindo o que passou a ser chamado de "Novo estado de Israel".

Mas o conflito com os palestinos que ocupavam legitimamente as terras permanece até hoje. Conforme o evangelho de Mateus no capítulo 24; Jesus falando sobre o final dos tempos mencionou episódios que aconteceriam em um futuro próximo e em tempos distantes, exatamente como os profetas do Antigo Testamento. Muitas das perseguições preditas já ocorreram, e muitas ainda estão por acontecer.

Mais tarde, o general Tito Flávio Vespasiano foi coroado imperador de Roma. Seu reinado foi de 23 de junho de 79 a 13 de setembro de 81 e seu sucessor foi Domiciano; perseguidor implacável dos cristãos.

Como imperador Tito passou a se chamar, "Tito Flávio César Vespasiano Augusto". Nasceu em 30 de dezembro de 39 - Roma, Itália, Império Romano e morreu em 13 de setembro de 81 (41 anos).

Não devemos, por nada desse mundo, desprezar as profecias da Bíblia Sagrada. Jesus tinha profetizado o futuro da construção do templo de Jerusalém.

"Quando saía do templo, disse-lhe um dos seus discípulos: Mestre, olha que pedras e que edifícios! Ao que Jesus lhe disse: Vês estes grandes edifícios? Não se deixará aqui pedra sobre pedra que não seja derribada." - Mc 13.1,2.

ADOLF HITLER

Considerado por muitos como uma espécie de anticristo; Adolf Hitler é um dos grandes nomes do século XX, assim como é um dos grandes nomes da história mundial. O nome de Hitler, porém, não ficou conhecido por feitos positivos, mas pelo fato de o austríaco ter comandado um regime tirânico que mergulhou a Alemanha no ódio e foi responsável por mobilizar um país contra um povo. As ações de Hitler como líder do nazismo e governante da Alemanha levaram o mundo à Segunda Guerra Mundial e ao maior genocídio da história: o Holocausto.

NASCIMENTO E JUVENTUDE DE HITLER

Adolf Hitler nasceu em Braunau am Inn, na Áustria, no dia 20 de abril de 1889. Hitler foi o quarto filho de Alois Hitler e Klara Pölzl e o primeiro a sobreviver a infância (os outros três haviam falecido crianças). Seu pai era um respeitado funcionário público que trabalhava em um posto alfandegário. Por conta disso, Hitler pertencia a uma família de classe média, a qual possuía uma condição financeira bastante saudável.

Hitler ficou órfão em sua adolescência. Seu pai faleceu em 3 de janeiro de 1903, após um mal súbito, e sua mãe faleceu de câncer em 21 de dezembro de 1907.

Dizem que a morte do pai colocou fim a uma parte conturbada da infância e adolescência de Hitler, pois o pai queria que o filho seguisse o próprio exemplo, tornando-se funcionário público, um ofício respeitado e com bom salário na época. Hitler, por sua vez, desejava ser artista.

O Site Wikipédia.com conta que com a morte do pai, Hitler abandonou os estudos e mudou-se para Viena, capital da Áustria. Lá em Viena, Hitler tentou ingressar na Academia de Belas Artes da cidade, mas teve suas aplicações rejeitadas por duas vezes. Depois disso, Hitler seguiu a vida de um desocupado, pois não trabalhava e não fazia questão de encontrar emprego. Vivia à custa de um empréstimo que obteve da sua tia, da pensão que recebia após a morte de sua mãe e da herança que recebeu.

HITLER NA PRIMEIRA GUERRA MUNDIAL

Em 1913, Hitler mudou-se de Viena para Munique e, no ano seguinte, com o início da Primeira Guerra Mundial, voluntariou-se para o Exército Alemão. A partida de Hitler para a Alemanha aconteceu após receber a sua herança por parte de pai, uma quantia total de 819 coroas (uma soma considerável na época), e também porque ele estava fugindo do alistamento militar austríaco.

No exército alemão, Hitler assumiu o posto de mensageiro e teve desempenho destacado, recebendo por isso duas condecorações importantes no exército alemão. No que se refere à patente, Hitler nunca superou a patente de cabo, a mais alta que era permitida para um estrangeiro no exército alemão daquela época.

TRAJETÓRIA POLÍTICA DE HITLER

O crescimento da carreira política de Hitler relacionou-se diretamente com os acontecimentos da Alemanha no Pós-Primeira Guerra. O país saiu da Primeira Guerra derrotado e humilhado pelos seus adversários. A saída da Alemanha do conflito resultou de uma revolução interna que derrubou a monarquia germânica e instaurou uma república liberal.

Essa república alemã ficou conhecida como República de Weimar e foi governada pelos social-democratas, um partido de centro-esquerda da Alemanha.

Após a guerra, a humilhação que o país sofreu com o Tratado de Versalhes gerou um forte ressentimento na sociedade alemã. Além disso, o efeito da guerra na economia da Alemanha foi devastador e arrastou o país para a maior crise econômica de sua história. Nesse cenário de ressentimento com os social-democratas e com os vencedores da guerra e de desespero por causa da crise econômica, o discurso de Hitler prosperou.

A partir de 1919, Hitler passou a integrar o Partido dos Trabalhadores Alemães, um partido conservador que tinha retórica nacionalista, anti-semita e antimarxista. Com o tempo, a influência de Hitler dentro do partido foi crescendo, e o partido mudou seu nome para Partido Nacional-Socialista dos Trabalhadores Alemães.

Nesse momento, a influência de Hitler ainda era limitada (tanto que só em 1921 Hitler tornou-se líder do partido). De toda forma, o programa inicial do Partido Nazista foi escrito por Anton Drexler (o primeiro líder do partido) e por Hitler.

O escritor e historiador Ian Kershaw em seu livro "Hitler", escreveu que o programa inicial do partido contava com as seguintes propostas: "Exigência de uma Alemanha Maior, (com mais) terras e colônias, discriminação contra os judeus e negação de cidadania a eles, rompimento da 'escravidão dos juros', confiscos de lucros de guerra, reforma agrária, proteção da classe média, perseguição dos especuladores e regulamentação rígida da imprensa".

Foi nessa época que Hitler descobriu o seu grande talento: a oratória. A capacidade de discursar em frente às multidões foi o que garantiu o seu sucesso, além do sucesso do partido. A capacidade de convencimento do discurso de Hitler era tão grande que em cerca de um ano e meio o partido aumentou seu número de membros de 190 para 3300. Foi o seu papel no crescimento do partido que o fez alcançar a liderança em 1921.

Em 1923, Hitler coordenou uma tentativa de golpe na Baviera, estado no sul da Alemanha que foi o berço dos movimentos conservadores de extrema-direita no país. Essa tentativa de golpe é conhecida como "Putsch da Cervejaria" e fracassou quando as forças do partido de Hitler foram dispersadas pelas forças do governo da Baviera. Hitler foi preso e acabou ficando um ano na prisão.

Foi na cadeia que Hitler escreveu o livro que se tornou o guia ideológico do nazismo, Mein Kampf (Minha Luta, em português). Apesar disso, declarações contra judeus e contra o marxismo já haviam sido registradas em outro momento. A primeira declaração anti-semita de Hitler de que os historiadores têm registro é de 1919 e a primeira declaração antimarxista é de 1920.

ASCENSÃO AO PODER

Em 1925, Hitler, após sair da prisão, começou a trabalhar na reconstrução do Partido Nazista. Apesar do discurso radical, atuou para conseguir alcançar o poder na Alemanha pela via democrática. Desse momento em diante, o nazismo tomou uma série de ações para ampliar sua influência sobre a população e atrair membros.

O historiador Lionel Richard, por exemplo, fala que os nazistas criaram uma série de associações para atrair as pessoas. Segundo Lionel Richard:

Pouco a pouco, os nazistas se esforçam por atrair a população por meio de uma rede de organizações destinadas especificamente a cada categoria social. Em julho de 1926, nasce a Juventude Hitlerista. Seis meses mais tarde, uma Associação dos Estudantes Nacional-Socialistas surge nas universidades.

Por meio de medidas como essa e, novamente, a partir de seu discurso populista, que prometia uma Alemanha forte novamente, Hitler teve bastante sucesso. Após garantir a cidadania alemã em 1932, concorreu nas eleições presidenciais do país.

Nessa eleição, Hitler concorreu diretamente contra Paul von Hindenburg, um militar alemão muito conhecido por liderar as tropas alemãs durante a Primeira Guerra Mundial. Apesar de ter sido derrotado na disputa da presidência, Hitler saiu fortalecido, pois conseguiu assegurar-se como um dos grandes nomes da política alemã.

Na eleição citada, no segundo turno, Hitler obteve quase 37% dos votos, e Hindenburg, o vencedor, teve 53%. Apesar da derrota, pouco tempo depois (em 1933), Hitler ascendeu ao poder da Alemanha como chanceler por causa da crise em que o país se encontrava e da grande pressão exercida sobre Hindenburg para nomear Hitler chanceler alemão.

HITLER NO PODER

Uma vez no poder, Hitler começou a tomar as medidas para impedir o fortalecimento de uma coalizão democrática contrária ao Partido Nazista e iniciou a perseguição aos seus opositores. Junto de Hitler, os nazistas ocuparam outros dois cargos importantes no governo alemão: Wilhelm Frick foi nomeado para o Ministério do Interior e Hermann Göring foi nomeado para o Ministério do Interior da Prússia.

Com o poder nas mãos, Hitler calou seus opositores. Comunistas e social-democratas começaram a ser presos em massa e muitos foram enviados para campos de concentração. O primeiro campo de concentração criado pelos nazistas foi o de Dachau, em 1933, que recebeu comunistas e social-democratas.

Em 1934, Hindenburg faleceu, o que deu a Hitler os poderes de presidente e chanceler. Hitler passou a consolidar a sua ditadura na Alemanha. Os partidos políticos passaram a ser perseguidos. O Partido Nazista ficou sendo o único em funcionamento na Alemanha. Hitler então, passa a tomar medidas para recuperar a economia alemã, e isso foi feito à custa dos expurgos realizados contra judeus.

Milhares de famílias judias começaram a ter os seus bens tomados pelo governo alemão, que também incentivou a impressão de papel-moeda e promoveu obras públicas para empregar a massa de desempregados.

A Alemanha passou por um processo de remilitarização gigantesco, seu exército foi reformulado e extrapolou a quantidade máxima de 100 mil soldados estipulada pelo Tratado de Versalhes. Uma marinha e aviação de guerra foram criadas, e a Renânia (região do oeste da Alemanha) foi remilitarizada.

Em seguida, Hitler intensificou sua violência contra os judeus, criando leis discriminatórias que reduziam os direitos civis dessa comunidade e tornavam-na alvo de violência constante pelas tropas a serviço do nazismo (a SS e a SA). No que se refere à política externa a partir de 1938, Hitler passou a tomar medidas para a constituição do Lebensraum (o "espaço vital" dos arianos).

Esse "espaço vital" fazia parte da ideologia nazista e consistia basicamente em uma terra que seria de "direito" dos alemães (arianos). Seria o espaço mínimo necessário para constituir um Terceiro Reich (império) próspero, no qual os arianos viveriam à custa da exploração do trabalho dos eslavos. A ambição de Hitler voltou-se para a Áustria e Tchecoslováquia (anexadas em 1938 e 1939). O último passo de Hitler foi contra a Polônia.

A invasão da Polônia acabou rendendo o início da Segunda Guerra Mundial, uma vez que britânicos e franceses haviam aceitado a invasão de Áustria e Tchecoslováquia, mas foram taxativos sobre a não aceitação da invasão da Polônia. A invasão da Polônia aconteceu em 1º de setembro de 1939 e marcou o início da Segunda Guerra Mundial.

SEGUNDA GUERRA MUNDIAL

A Itália de Benito Mussolini foi a maior parceira da Alemanha durante a Segunda Guerra Mundial.

Durante toda a Segunda Guerra, Hitler comandou as tropas alemãs. A participação da Alemanha na Segunda Guerra Mundial ficou marcada por dois momentos distintos: um período de avanços rápidos, que aconteceram de 1939 a 1941, e outro de gradativa derrota para os Aliados, iniciado em 1942 e finalizado em 1945.

Ao longo de toda a Segunda Guerra, os historiadores apontam diversas decisões tomadas por Hitler que foram cruciais para a derrota alemã. A principal delas foi a invasão da União Soviética em 1941. Hitler sabia que a Alemanha não tinha recursos para um conflito prolongado contra os soviéticos. Sua insistência custou-lhe a guerra e a vida.

Com suas forças à beira da derrota e as tropas soviéticas dentro de Berlim, Hitler casou-se com Eva Braun e optou pelo suicídio para que não fosse capturado por seus inimigos. Em seu abrigo subterrâneo, cometeu suicídio em 30 de abril de 1945, atirando contra a própria cabeça. Depois de cometer suicídio, seu corpo foi cremado por soldados nazistas.

A FÚRIA DE HITLER AOS JUDEUS

O ódio de Hitler pelos judeus era algo que ele trazia desde a sua juventude. Os historiadores debatem o momento da vida em que Hitler adotou esse ódio gigantesco pelos judeus, e a maioria dos historiadores acredita que isso aconteceu durante o período em que ele morou em Viena. Ao assumir o poder da Alemanha, Hitler tomou medidas contra os judeus na Alemanha.

O resultado do anti-semitismo cultivado por Hitler em toda a Alemanha resultou no Holocausto. Os nazistas debateram formas de lidar com a "questão judia", e o Holocausto ocorreu em fases diferentes. Primeiramente os nazistas aprisionaram os judeus em guetos e campos de concentração. Foram debatidas também formas de lidar com os judeus, expulsando-os para locais como Madagascar.

O anti-semitismo nazista transformou-se em genocídio quando Hitler ordenou, em 1941, a execução dos judeus na Europa. A primeira fase do Holocausto ocorreu com os fuzilamentos em massa promovidos pelos grupos de extermínio. Depois, adotou-se o uso dos campos de extermínio para execução dos judeus nas câmaras de gás. O resultado do Holocausto foi a morte de seis milhões de judeus.

"Ó Senhor, tem misericórdia de nós; por ti temos esperado. Sê tu o nosso braço cada manhã, como também a nossa salvação no tempo da tribulação." - Isaías 33:2.

"Mas tu não devias olhar com prazer para o dia de teu irmão no dia do seu desterro, nem alegrar-te sobre os filhos de Judá no dia da sua ruína, nem falar arrogantemente no dia da tribulação; nem entrar pela porta do meu povo no dia da sua calamidade; sim, tu não devias olhar, satisfeito, para o seu mal, no dia da sua calamidade; nem lançar mão dos seus bens no dia da sua calamidade; nem te postar nas encruzilhadas, para exterminares os que escapassem; nem entregar os que lhe restassem, no dia da tribulação. Porquanto o dia do Senhor está perto, sobre todas as nações, como tu fizeste, assim se fará contigo; o teu feito tornará sobre a tua cabeça." - Obadias 1:12-15.

O HOLOCAUSTO

A palavra "holocausto" deriva da palavra grega "Ὁλόκαυστον" (holokaustin), significando "oferta de sacrifício completamente (ὅλος) queimada (καυστον)" ou "algo queimado oferecido a um deus". Em ritos pagãos gregos e romanos, deuses da terra e do submundo recebiam animais queimados, que eram oferecidos à noite.

A palavra "holocausto" foi adotada mais tarde na tradução grega da Torá para se referir ao Olah, que são ofertas de sacrifícios queimados individuais e comunais que os judeus eram obrigados a fazer nos tempos do Beit Hamicdash (Templo de Jerusalém). Na sua forma latina, holocaustum, o termo foi usado pela primeira vez com referência específica a um massacre de judeus pelos cronistas Roger de Howden e Richard de Devizes na Inglaterra do anos 1190.

O termo "holocausto" também é aplicado ao genocídio ou assassinato em massa de cerca de seis milhões de judeus durante a Segunda Guerra Mundial, no maior genocídio do século XX, através de um programa sistemático de extermínio étnico patrocinado pelo Estado nazista, liderado por Adolf Hitler e pelo Partido Nazista e que ocorreu em todo o Terceiro Reich e nos territórios ocupados pelos alemães durante a guerra. Dos **nove milhões de judeus** que residiam na Europa antes do Holocausto, cerca de **dois terços foram mortos**; mais de um milhão de crianças, dois milhões de mulheres e três milhões de homens judeus morreram durante o período.

"O grande dia do Senhor está perto; sim, está perto, e se apressa muito; ei-la, amarga é a voz do dia do Senhor; clama ali o homem poderoso. Aquele dia é dia de indignação, dia de tribulação e de angústia, dia de alvoroço e de assolação, dia de trevas e de escuridão, dia de nuvens e de densas trevas," - Sofonias 1.14,15.

O COMEÇO DA PERSEGUIÇÃO

A perseguição e o genocídio foram realizados em etapas. Primeiro foram criadas várias leis para excluir os judeus da sociedade civil antes da eclosão da Segunda Guerra Mundial na Europa.

Antes da guerra, os nazistas consideravam a deportação em massa de judeus alemães (e, posteriormente, de judeus de toda a Europa) para fora do continente europeu. A história conta que em 1939 a entrada dos mais de 900 refugiados judeus a bordo do navio MS St. Louis foi recusada pelos governos de Cuba, Estados Unidos e Canadá.

A aprovação do Plano Schacht (1938-9) por Hitler e a fuga contínua de milhares de judeus dos domínios nazistas durante um longo período, quando então tal plano mostrou-se ineficaz, indicam que a escolha de promover um genocídio sistemático surgiu apenas mais tarde entre os líderes nazistas.

"Porque a aflição não procede do pó, nem a tribulação brota da terra; mas o homem nasce para a tribulação, como as faíscas voam para cima." - Jó 5.6,7.

CAMPOS DE EXTERMÍNIO

Campos de concentração foram criados e os presos enviados para lá eram submetidos a trabalho escravo até morrerem de exaustão ou por alguma doença. Os alemães confinaram judeus e ciganos em guetos superlotados, até serem transportados, através de trens de carga, para campos de extermínio, onde, se sobrevivessem à viagem, a maioria era sistematicamente morta em câmaras de gás. Não eram somente os judeus as vítimas do genocídio.

Ciganos, poloneses, comunistas, homossexuais, testemunhas de Jeová e deficientes físicos e mentais eram vítimas do nazismo. Uma rede de mais de quarenta mil instalações na Alemanha e nos territórios ocupados pelos nazistas foi utilizada para concentrar, manter, explorar e matar judeus e outras vítimas.

Em 1942, seis grandes campos de extermínio foram estabelecidos pelos nazistas na Polônia ocupada, que foram construídos exclusivamente para extermínios em massa. Depois de 1939, os campos tornaram-se cada vez mais lugares onde os judeus e prisioneiros de guerra eram mortos ou obrigados a trabalhar como escravos, ficavam desnutridos e eram torturados. O transporte dos presos era muitas vezes realizado em condições horríveis, usando vagões ferroviários de carga, onde muitos morriam antes de chegar ao destino.

A morte através do trabalho era uma política de extermínio sistemático - os presos tinham que, literalmente, trabalhar até a morte, ou trabalhar até a exaustão física, quando seriam então levados para as câmaras de gás, aos gaswagen (caminhões de gás) ou fuzilados.

"porventura Deus não haveria de esquadrinhar isso? pois ele conhece os segredos do coração. Mas por amor de ti somos entregues à morte o dia todo; somos considerados como ovelhas para o matadouro. Desperta! por que dormes, Senhor? Acorda! não nos rejeites para sempre. Por que escondes o teu rosto, e te esqueces da nossa tribulação e da nossa angústia? Pois a nossa alma está abatida até o pó; o nosso corpo pegado ao chão. Levanta-te em nosso auxílio, e resgata-nos por tua benignidade." Sl 44:21-26.

O ÓDIO DE HITLER AOS JUDEUS

Historiadores contam que: "Hitler deixava seu ódio aos judeus explícito. Em seu livro "Mein Kampf", ele avisou sobre sua intenção de expulsá-los da vida política, intelectual e cultural da Alemanha. Ele não escreveu que iria tentar exterminá-los, mas acredita-se que ele tenha sido mais explícito em privado."

Já em 1922, ele teria dito ao major Joseph Hell, na época um jornalista: "Assim que eu realmente estiver no poder, minha primeira e mais importante tarefa será a aniquilação dos judeus. Tão logo eu tenha o poder de fazer isso, eu terei forças construídas em fileiras - na Marienplatz em Munique, por exemplo, tantas quantas o tráfego permitir. Então os judeus serão enforcados indiscriminadamente, e eles continuarão pendurados até federem; eles ficarão pendurados lá tanto tempo quanto os princípios da higiene permitirem. Assim que eles tiverem sido desamarrados, o próximo lote será enforcado, e assim por diante da mesma maneira, até que o último judeu em Munique tiver sido exterminado. Outras cidades farão o mesmo, precisamente dessa maneira, até que toda a Alemanha tenha sido completamente limpa de judeus."

O comandante militar da SS e um dos principais líderes do Partido Nazista Himmler; ordenou o início das deportações em 19 de julho de 1942 e, três dias depois, em 22 de julho, as deportações do gueto de Varsóvia começaram e se estenderam ao longo dos seguintes 52 dias, até 12 de setembro, quando trezentas mil pessoas, apenas de Varsóvia, foram deportadas em trens de carga para o campo de extermínio de Treblinka. Muitos outros guetos foram completamente esvaziados.

O site Wikipédia. com conta que: "Richard Dimbleby, um correspondente da BBC, descreveu as cenas que o saudaram em Bergen-Belsen: 'Aqui mais de um acre de terra coberto por leigos mortos e moribundos. Você não podia ver quem era quem ... Um anônimo vivo deitado com a cabeça contra os cadáveres moveu a terrível e fantasmagórica procissão de pessoas magras, sem rumo, sem nada para fazer e sem nenhuma esperança de vida, incapazes de se moverem para fora do seu caminho, incapazes de olhar para os locais terríveis ao redor delas ... Bebês nasceram aqui, pequenas coisas enrugadas que não poderiam viver ... A mãe, enlouquecida, gritou para um sentinela britânico dar leite ao seu filho e empurrou o pequeno em seus braços ... Ele abriu o pacote e encontrou o bebê que já estava morto há dias. Este dia em Belsen foi o mais horrível da minha vida."

Outro artigo do mesmo site reporta que: "O historiador norte-americano Michael Berenbaum afirma que a Alemanha tornou-se um 'Estado genocida'. Cada braço da sofisticada burocracia do país estava envolvido no processo de matança. Igrejas paroquiais e o Ministério do Interior forneciam registros de nascimento mostrando quem era judeu; os Correios entregaram ordens de deportação e de desnaturalização; o Ministério das Finanças confiscou propriedades judaicas; empresas alemãs demitiram trabalhadores judeus e acionistas judeus foram marginalizados."

Os laços da morte me cercaram; as angústias do Seol se apoderaram de mim; sofri tribulação e tristeza." - Sl 116:3.

REJEIÇÃO AOS JUDEUS

As universidades se recusavam a aceitar judeus, negavam diploma para aqueles que já estavam estudando e demitiam acadêmicos judeus; companhias de transportes públicos organizaram trens de carga para deportar as vítimas para os campos; as empresas farmacêuticas alemãs testaram drogas nos prisioneiros dos campos; empresas participaram das licitações para a construção dos crematórios. Quando os prisioneiros entravam nos campos de extermínio, eles eram forçados a entregar toda a sua propriedade pessoal, que era catalogada e etiquetada antes de ser enviada para a Alemanha para ser reutilizada ou reciclada.

Então sereis entregues à tortura, e vos matarão; e sereis odiados de todas as nações por causa do meu nome." - Mt 24:9.

O historiador israelense Saul Friedländer escreve que: "Nem um grupo social, nenhuma comunidade religiosa, instituição acadêmica ou associação profissional na Alemanha e em toda a Europa declarou a sua solidariedade para com os judeus". Ele afirma que algumas igrejas cristãs declararam que os judeus convertidos deviam ser considerados como parte do seu fiéis, mas, mesmo assim, só até certo ponto.

Max Jakob Friedländer (1867-1958), historiador de arte e curador alemão, argumenta que isso torna o Holocausto diferente, porque as políticas antissemitas eram capazes de se desenvolver sem a interferência de outras forças de compensação do tipo que são normalmente encontradas em sociedades avançadas, como a indústria, as pequenas empresas e grupos de interesses.

"Os laços da morte me cercaram; as angústias do Seol se apoderaram de mim; sofri tribulação e tristeza." Sl 116:3.

Historiadores contam que os assassinatos eram sistematicamente realizados em praticamente todas as áreas do território ocupado pelos alemães onde agora estão 35 países europeus diferentes.

O extermínio foi mais grave na Europa Central e Oriental, que tinha mais de sete milhões de judeus em 1939. Cerca de cinco milhões de judeus foram mortos, incluindo três milhões na Polônia ocupada e mais de um milhão na União Soviética. Centenas de milhares de pessoas também morreram nos Países Baixos, França, Bélgica, Iugoslávia e Grécia.

Conta-se que qualquer pessoa com três ou quatro avós judeus era exterminada, sem exceção. Em outros genocídios, as pessoas podiam escapar da morte ao se converter a outra religião ou através de alguma outra forma de assimilação cultural. Esta opção não estava disponível para os judeus da Europa ocupada, a menos que seus avós tivessem se convertido antes de 18 de janeiro dc 1871. Todas as pessoas com ascendência judaica recente deveriam ser exterminadas em terras controladas pela Alemanha nazista.

"Com a minha voz clamo ao Senhor; com a minha voz ao Senhor suplico. Derramo perante ele a minha queixa; diante dele exponho a minha tribulação. Quando dentro de mim esmorece o meu espírito, então tu conheces a minha vereda; no caminho em que eu ando ocultaram-me um laço. Olha para a minha mão direita, e vê, pois não há quem me conheça; refúgio me faltou; ninguém se interessa por mim. A ti, ó Senhor, clamei; eu disse: Tu és o meu refúgio, o meu quinhão na terra dos viventes. Atende ao meu clamor, porque estou muito abatido; livra-me dos meus perseguidores, porque são mais fortes do que eu." - Sl 142:1-6.

OS EXPERIMENTOS MÉDICOS

Uma das páginas do site wikipédia.com reporta que: "Crianças gêmeas eram mantidas vivas para serem usadas em experimentos médicos, como os realizados por Josef Mengele.

Uma característica distinta do genocídio nazista foi o uso extensivo de seres humanos em experimentos "médicos". De acordo com Raul Hilberg, "os médicos alemães eram altamente nazificados em comparação com outros profissionais, em termos de filiação partidária." Alguns realizaram experimentos nos campos de concentração de Auschwitz, Dachau, Buchenwald, Ravensbrück, Sachsenhausen e Natzweiler.

O mais notório desses médicos foi o Dr. Josef Mengele, que trabalhou no campo de Auschwitz. Seus experimentos incluíam colocar os "objetos" de pesquisa em câmaras de pressão, testar drogas neles, congelá-los e, na tentativa de mudar a cor dos olhos, injetar substâncias químicas nos olhos de crianças, além de várias amputações e outros tipos de cirurgias. A extensão total do seu trabalho nunca será conhecida, porque os registros que ele enviou ao Dr. Otmar von Verschuer na Sociedade Kaiser Wilhelm foram destruídos por von Verschuer. Os indivíduos que sobreviveram aos experimentos de Mengele eram quase sempre mortos e dissecados logo depois."

Escritores relatam em seus livros que havia um lugar chamado "a rampa" de onde os trens com os judeus vinham. Eles chegavam dia e noite, às vezes um por dia ou cinco vezes por dia. Constantemente, as pessoas da Europa Central foram desaparecendo e elas estavam chegando no mesmo lugar com a mesma ignorância do destino que tinham os ocupantes do transporte anterior

Vivifica-me, ó Senhor, por amor do teu nome; por amor da tua justiça, tira-me da tribulação." - Sl 143:11;

AS CONSEQUENCIAS DO HOLOCAUSTO

Observadores dizem que as conseqüências do Holocausto judeu tiveram um efeito profundo sobre a sociedade, tanto na Europa quanto no resto do mundo. Seu impacto pode ser sentido em discussões teológicas, atividades artísticas e culturais e decisões políticas. O destino dos sobreviventes do Holocausto também se tornou uma questão importante, uma vez que levou à criação do Estado de Israel através da diáspora judaica.

O Holocausto deixou milhões de refugiados, incluindo muitos judeus que tinham perdido a maior parte ou todos os seus bens e familiares, e muitas vezes ainda tinham de enfrentar o persistente anti-semitismo em seus países de origem no período pós-guerra. O plano original dos Aliados era o de repatriar essas "pessoas deslocadas" para seus países de origem, mas muitos se recusaram ou não puderam voltar, visto que suas casas ou comunidades haviam sido destruídas. Como resultado, mais de 250 mil sobreviventes definharam em campos de refugiados durante anos após o fim da guerra. Como a maioria das pessoas deslocadas não podiam ou não queriam voltar para suas antigas casas na Europa e como as restrições à imigração para muitos países ocidentais ainda eram grandes, a Palestina tornou-se o principal destino para muitos refugiados judeus.

No entanto, os povos árabes locais se opuseram à imigração, o Reino Unido recusou-se a permitir que os refugiados judeus migrassem para o Mandato Britânico na Palestina e muitos países do bloco soviético tornaram a emigração difícil.

Ex-guerrilheiros judeus na Europa, juntamente com o Haganah (organização paramilitar judaica de caráter sionista) na Palestina, organizaram um grande esforço para contrabandear judeus para a Palestina, chamado Berihá, que transportou 250 mil judeus para o mandato. Em 1952, os campos de desalojados judeus foram fechados, com mais de oitenta mil judeus nos Estados Unidos, cerca de 136 mil em Israel e outros 20 mil em outros países, como Canadá e África do Sul.

Ó Senhor, tem misericórdia de nós; por ti temos esperado. Sê tu o nosso braço cada manhã, como também a nossa salvação no tempo da tribulação." - Is 33:2.

A IMINENTE VOLTA DE CRISTO

Um artigo recente publicado pelo site "cpadnews.com.br", conta que o evangelista Billy Graham (1918 – 2018), publicou um artigo sobre a volta de Jesus Cristo. Billy Graham afirma que a situação mundial se tornará cada vez pior antes do arrebatamento.

O site conta que: "Em seu texto, Graham, que está com 97 anos de idade, aponta que a iminência da volta de Jesus Cristo está estampada nos conflitos e guerras espalhados pelo mundo, e que os fiéis não devem ignorar tais alertas.

Pouco antes de voltar para o céu, Jesus disse aos discípulos que um dia Ele iria voltar para estabelecer Seu reino. Mas antes disso, ele disse que certas coisas iriam acontecer, e nós vemos muitas delas hoje, afirmou Graham no artigo escrito para o jornal The Kansas City Star.

(...). Graham afirmou que é possível que a humanidade esteja vivendo os últimos dias antes do retorno glorioso do Filho de Deus, e que os cristãos devem caminhar com a certeza de que Sua volta é certa.

Citando Marcos 13:10, Graham lembrou que o próprio Jesus ordenou a pregação do Evangelho a todo o mundo antes do fim: "Isso poderia parecer impossível há algumas décadas, mas a tecnologia moderna trouxe o mundo junto com ela. O Evangelho está sendo pregado em todo o mundo através do rádio, da televisão e da internet", ponderou.

Ainda discorrendo sobre os alertas bíblicos, o evangelista lembrou que o próprio Jesus previu que satanás faria uma "última tentativa de deter a obra de Deus por meio de um ataque sólido do mal", e que os conflitos entre nações e grupos extremistas podem ser parte dessa investida: "O nosso mundo não é um estranho para o mal; Satanás sempre trabalhou para deter os planos de Deus, mas agora os inimigos de Deus têm acesso a armas modernas de destruição em massa, e ninguém pode prever qual será o resultado", afirmou, expressando preocupação.

Jesus disse: 'Vocês ouvirão falar de guerras e rumores de guerras, mas não tenham medo. É necessário que tais coisas aconteçam, mas ainda não é o fim. Nação se levantará contra nação, e reino contra reino. Haverá fomes e terremotos em vários lugares (Mateus 24: 6-7), acrescentou." (cpadnews.com.br).

O arrebatamento já é iminente; pode acontecer hoje mesmo, amanhã ou, a alguns minutos. Não sabemos com exatidão mas, é certo que já está na hora. Recomendo que depositemos toda nossa esperança em Jesus e na Bíblia Sagrada.

"Porque o Senhor mesmo descerá do céu com grande brado, à voz do arcanjo, ao som da trombeta de Deus, e os que morreram em Cristo ressuscitarão primeiro. Depois nós, os que ficarmos vivos, seremos arrebatados juntamente com eles, nas nuvens, ao encontro do Senhor nos ares, e assim estaremos para sempre com o Senhor. Portanto, consolai-vos uns aos outros com estas palavras." - 1 Tes 4:16-18.

SOBRE O AUTOR

O escritor e Teólogo Antônio Lourenço é casado com Graça Lourenço e pai de três filhos; Karla, Kátia e Gabriel.
É fundador da Comunidade Evangélica Vida Cristã em Gaspar /SC, onde pastoreou por 18 anos. Em 2007 fundou o COMEG (Conselho dos Ministros Evangélicos de Gaspar). Conclui o bacharelado em Teologia pela UNIASSELVI em 2013. Ao longo do chamado pastoral, foi Professor e instrutor de cursos teológico e conselheiro para famílias. Autor de vários livros, entre eles:
AS SETE CARTAS DO APOCALIPSE;
CONSELHOS PARA UMA VIDA DE PAZ;
VENCENDO OS FRACASSOS PARA SEMPRE;
A SUBLIME ARTE DE RECOMEÇAR;
ENCONTRANDO A PAZ INTERIOR.

Nasceu na cidade de Gaspar/SC; aos 04 anos de idade mudou-se com os pais para Itajaí SC., e retornou para Gaspar aos 40 anos de idade onde mora até hoje. Atualmente dedica-se aos filhos, netos e a esposa. Paralelamente dedica-se a escrever livros e artigos para se blog.

Contatos com o autor por e-mail:
prantonioescritor@outlook.com
Blog: www.pazemmim.com

SINÓPSE DE MEUS LIVROS NA AMAZON

A SUBLIME ARTE DE RECOMEÇAR

É um devocional cristã de auto ajuda. Está disponível na Amazon.com.br na forma de livro de capa ou livro eletrônico (e-book Kindle). O livro possui 8 capítulos que irão trabalhar na área das emoções, na família e nas finanças. Este livro é um verdadeiro manual prático de auto ajuda para aquele que buscam ardentemente uma nova oportunidade na vida. Eu recomendo a todos que desejam "dar a volta por cima". Aqueles que sofreram alguma "queda ao longo do caminho" ou tiveram perdas inesperadas; com certeza encontrará aqui motivos para se levantar novamente.

AS SETE CARTAS DO APOCALIPSE

As Sete Cartas do Apocalipse mostra uma visão bem detalhada das cartas escritas pelo apóstolo João para as sete igrejas relacionadas por Jesus Cristo no livro do Apocalipse. O livro traz um panorama histórico; político; econômico e religioso das cidades e o relacionamento dessas igrejas mencionadas por João com a sociedade. Este livro é considerado um instrumento valioso de estudo para os estudantes da história geral; teologia e mais precisamente a escatologia. Está disponível na Amazon.com.br na forma de livro de capa ou livro eletrônico (e-book Kindle).

VENCENDO OS FRACASSOS PARA SEMPRE

Este livro é um Oásis de águas frescas para os que buscam a cura e a libertação de todos os embaraços que as trajetórias sinuosas da vida lhes propuseram. Aqui você irá encontrar conselhos de muito valor para aos que desejam se levantar depois de uma queda. Os conselhos neste livro, são todos alicerçados na Bíblia Sagrada. São conselhos cristãos e são oferecidos aos sábios e prudentes, porque são eles que buscam a verdadeira sabedoria. Geralmente os "tolos" ou "simples", nunca pensam que precisão de conselhos ou de ajuda. *"O prudente prevê o mal, e esconde-se; mas os simples passam e acabam pagando." (Provérbios 22:3).*

Vale a pena ler, refletir e praticar os conselhos e ensinos contidos neste livro. Eu recomendo a todos que desejam ardentemente mudanças positivas em sua vida, casa e família. Está disponível na Amazon.com.br na forma de livro de capa ou livro eletrônico (e-book Kindle).

Você pode visitar a página do autor na Amazon e conferir todas as publicações disponível de Antonio Lourenço.